SIWGWR A SBEIS

Siwgwr a Sbeis

Eigra Lewis Roberts

GWASG GOMER

1975

Argraffiad Cyntaf — Rhagfyr 1975

SBN 85088 336 9

Diolch i D. Tecwyn Lloyd am fwrw golwg dros y gwaith ac i Wasg Gomer am eu cyd-weithrediad parod.
Cydnabyddir yn ddiolchgar ganiatâd caredig Llyfrgell Genedlaethol Cymru am ganiatâd i atgynhyrchu'r lluniau.

Argraffwyd gan
J. D. Lewis a'i Feibion cyf., Gwasg Gomer, Llandysul

I

SIONED, URIEN a GWYDION

sydd mor falch mai Cymry ydyn nhw

CYNNWYS

	Tud.
Cyflwyniad	8
Catrin o'r Berain	11
Marged Uch Ifan	18
Madam Bevan	23
Mari'r Fantell Wen	32
Mrs Thrale	37
Nanws Ach Rhobert	50
Catrin Rondol	58
Sarah Siddons	67
Ann Griffiths	79
Alabaina Wood	91
Betsi Cadwaladr	98
Arglwyddes Llanofer	109

CYFLWYNIAD

Rydym i gyd yn gyfarwydd â'r hwiangerdd Saesneg sy'n gofyn—'O beth y gwnaed y bechgyn?' O gynffonau ŵyn bach, llyffantod a malwod wrth gwrs. Ond beth am y pennill sy'n dilyn? Dyma'r cwestiwn a'r ateb a geir yn hwnnw—

'O beth y gwnaed y merched?
O beth y gwnaed y merched?
Siwgwr a sbeis a phopeth sy'n neis—
O hynny y gwnaed y merched.'

Siwgwr a sbeis—un yn melysu a'r llall yn rhoi blas a lliw ar bethau. Gyda'r fath gyfuniad fe ddylai'r merched fod yn llwyddiant mawr.

Pam, felly, y mae Hanes mor brin ohonyn nhw?

Roedd i'r hen fyd ei dduwiesau, ond roedden nhw i gyd yn crynu gan ofn Zëws, brenin y duwiau. Fe grewyd Efa o asen Adda, medden nhw, yn gysur ac yn gwmni iddo. Yn gyfnewid am holl ryfelwyr y chwedlau, Y Beibl, Hanes a Llên, ni cheir ond un Siân D'arc ac roedd yn rhaid iddi hi gael yr archangel Mihangel i'w helpu. Dynion sydd wedi bod wrthi'n darganfod ac yn dyfeisio; yn concro moroedd a mynyddoedd; yn cyfansoddi; yn llywodraethu. Bu'n rhaid i'r frenhines Elisabeth y gyntaf ei hamddiffyn ei hun drwy ddweud—

'Mi wn i nad oes gen i ond corff eiddil merch, ond mae gen i galon a stumog brenin, a hwnnw'n frenin Prydain hefyd.'

Bu gofyn i'r chwiorydd Brontë a Mary Ann Evans fenthyca enwau dynion er mwyn cael cyhoeddi eu nofelau. A hyd yn oed heddiw, eithriad ydy Germaine Greer, un o arweinwyr Byddin Rhyddid Merched ac awdur *The Female Eunuch*.

Yn 1792 cyhoeddwyd llyfr dan y teitl *Cyfiawnhad i Hawliau Merched* gan Mary Wollstonecroft. Cyfeiriwyd at y llyfr fel un blêr ond ffrwydrol, ganrif a hanner o flaen ei oes. Ynddo, ymhlith pethau eraill, roedd Mary Wollstonecroft yn galw am gydraddoldeb rhwng gwŷr a merched, hawl pleidleisio i ferched, ac addysg gydradd yn ysgolion y llywodraeth. Cyfeiriodd Horace Walpole at yr awdures fel 'yr udfil yna mewn peisiau'.

Roedd y diwygwyr Protestanaidd yn dân yn erbyn rhoi addysg i ferched. Cyhoeddodd John Knox bamffled dan y teitl *Ffrwydrad cyntaf y trwmp yn erbyn catrawd felltigedig y merched*. Galwodd ef y frenhines Elisabeth, a oedd yn llithrig mewn Ffrangeg ac Eidaleg ac yn ei chael hi'n haws, felly, i ddelio â llysgenhadon tramor, 'y bwystfil dychrynllyd, Jesebel Lloegr'.

'Cysgodion ohonom ni'r dynion ydy merched'—meddai Ben Jonson, y dramodydd. Pam y dywedodd hynny, tybed?

Efallai y down ni o hyd i un ateb yn y cyfieithiad yma o waith Tennyson—

> 'Y gŵr i'r maes a'r wraig i'r aelwyd;
> Y cledd i'r gŵr, ei nodwydd iddi hi;
> Y gŵr i ddilyn rheswm, hithau'i chalon;
> Ef i orchymyn, hithau i ufuddhau;
> Neu, ynteu—anhrefn.'

Fe glywsom ddweud sawl tro mai yn y cartref y mae lle'r ferch. Bu'n rhaid i ferched Prydain aros hyd 1918 cyn cael yr hawl i bleidleisio ac yn 1929 y cafwyd pleidlais i ferched dros un ar hugain oed.

Mae'n wir i ferched gael eu canmol hefyd, o dro i dro. Meddai Confucius yn y chweched ganrif cyn Crist—'Benyw yw yr orchestgamp'. Credai Herder, bardd Almaenig o'r ddeunawfed ganrif mai—'Benyw yw coron creadigaeth'. Haerai Lamartine, bardd a gwleidydd Ffrengig fod 'benyw wrth ddechreuad pob peth mawr', a honnai Richter, Almaenwr ac awdur nofelau rhamantus—'ni all un dyn fyw na marw yn gyfiawn heb wraig'.

Yn *Y Gymraes,* rhifyn Mai, 1851 ceir y cynghorion a ganlyn—'Pa beth a ddylai gwraig fod?—Hi ddylai fod y tri pheth hyn, ac ni ddylai fod y tri pheth hyn:—1. Hi ddylai fod yr un fath a chloc y dref, yn cadw ei hamser; ond nid yr un fath a chloc y dref, yn gadael i bawb ei chlywed. 2. Hi ddylai fod yr un fath a malwen, yn cadw yn ei thŷ ei hun; ond nid yr un fath a malwen, yn cario ei thŷ ar ei chefn. 3. Hi ddylai fod yr un fath a charreg ateb, yn siarad pan siarader â hi; ond nid yr un fath a charreg ateb, yn mynnu y gair diweddaf bob amser.'

Gan amlaf, cymell a chysuro a dioddef yn y cefndir a wnai'r ferch a'r gŵr a gâi'r clod. Er hyn i gyd fe lwyddodd rhai merched, ar hyd y canrifoedd, i ddefnyddio'r siwgwr a'r sbeis i'w mantais eu hunain a mynnu eu lle mewn Hanes.

Yn eu mysg nhw mae rhai o ferched Cymru. Enillodd ambell un enwogrwydd o fewn ei chartref; symudodd eraill allan i'r byd mawr. Efallai na ellir gwneud arwyr ohonyn nhw ond yn sicir ddigon nid cysgodion mohonyn nhw chwaith.

1.   CATRIN O'R BERAIN (1534/5-1597)

Fe ddechreuwn ni yn yr unfed ganrif ar bymtheg efo gwraig arbennig iawn o'r enw Catrin. Fel Catrin o'r Berain y byddwn ni'n ei hadnabod, gan mai'r Berain, ym mhlwyf Llanefydd, Sir Ddinbych, oedd ei chartref hi.

Roedd taid Catrin, Roland Velville, tad ei mam, yn fab anghyfreithlon i Harri'r seithfed, wedi ei eni i ferch na wyddom ei henw pan oedd Harri yn byw ar encil yn Llydaw. Pan ddaeth i'r orsedd, rhoddodd Blas Penmynydd, Môn, i Roland Velville, ei urddo'n farchog, a'i wneud yn gwnstabl castell Biwmares. Priododd Roland Velville ag Agnes Griffiths a ganwyd dwy ferch iddyn nhw—Grace a Jane. Priododd Jane, yn ei thro, â Thudur ap Robert Vychan o'r Berain a chael un ferch, ein Catrin ni. Gan mai hen ferch oedd Grace, eiddo Catrin oedd Penmynydd a'r Berain. Roedd hi, felly, yn gyfforddus iawn ei byd; yn berchen ar dai a melinau a cholomendai a phedair mil o erwau rhwng y Berain a Phenmynydd.

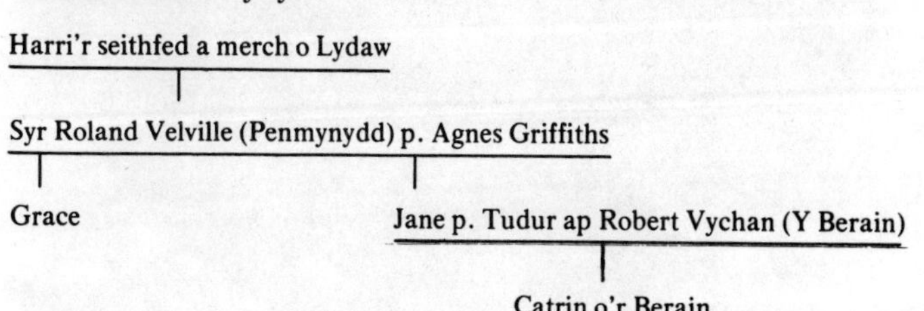

Ni wyddom fawr ddim o'i hanes cynnar. Dywed Mrs Thrale (cawn ragor o'i hanes hi eto) iddi fod yn ward y frenhines Elisabeth, ond go brin fod hynny'n wir gan nad

J. Allen delin.t
H. Bond sculp.t

oedd Elisabeth druan mewn safle i ofalu am neb. Mae'n bosibl iddi gymryd peth diddordeb yn Catrin gan mai'r un oedd ei thaid hi a hen daid honno. Mae un hanesydd yn bur sicir i Catrin dderbyn anrhegion gan y frenhines—staes a phâr o.sliperi wedi ei haddurno â brodwaith.

Ond nid ei chysylltiad hi â'r Tuduriaid sy'n rhoi lle o bwys i Catrin yn hanes Cymru. Mae hi'n enwog oherwydd iddi briodi bedair gwaith. 'Dydy hynny ddim yn beth anghyffredin heddiw, yn arbennig ymysg sêr y ffilmiau, ond, i fod yn deg â hi, fe adawai Catrin i un gŵr farw cyn cymryd un arall. Ac nid y ffaith ei bod hi wedi priodi bedair gwaith sy'n bwysig, ond pwy briododd hi.

Merch fonheddig oedd Catrin, wedi derbyn hyfforddiant nid yn unig yn y pethau sylfaenol fel darllen ac ysgrifennu ond mewn pethau cain fel cerddoriaeth, dawnsio, gwnïo a brodwaith. Roedd hi hefyd yn aeres. Pa ryfedd, felly, i'r briodas gyntaf gael ei threfnu pan nad oedd hi ond plentyn a Siôn Salsbri, Llewenni, ei darpar ŵr, yn Ysgol Westminster? Roedd trefnu priodas plant yn beth cyffredin a'r pwyslais yn cael ei roi ar briodi'n 'dda'—hynny ydy, ennill tir ac eiddo a sicrhau parhad teulu.

Wrth briodi Catrin roedd Siôn Salsbri yn priodi'n 'dda' a Dâm Siân, ei fam, gwraig uchelgeisiol iawn, yn amlwg wrth ei bodd. Daeth Siôn ag eiddo Llewenni efo fo ac addawodd ei dad, yr hen Syr Siôn y Bodiau (wedi ei alw felly, yn ôl pob sôn, oherwydd ei allu corfforol) y byddai tiroedd, yn siroedd Fflint a Dinbych, yn dod yn eiddo i feibion Siôn a Catrin. Cafwyd dau o'r rheini, a'u galw'n Thomas a John. Bu diwedd erchyll i Thomas. Ond rhagor am hynny eto. Ni chafodd Catrin ond naw mlynedd o gwmni Siôn Salsbri. Aeth haint ag ef oddi arni yn 1566.

Mae stori'n adrodd fel y bu i Maurice Wynn, o deulu'r Gwydir, ofyn i Gatrin ei briodi pan oedd hi'n dychwel o angladd Siôn Salsbri. Atebodd hithau ei bod hi, ar ei ffordd i'r angladd, wedi addo priodi Syr Richard Clwch ond y câi ef, Maurice Wynn, fod yn drydydd gŵr iddi. Stori ddiddorol ond gelwyddog mae'n debyg; hen stori werin a gysylltwyd â Chatrin gan Thomas Pennant (1726-1798). Go brin iddi fynd i'r angladd; y dynion yn unig a arferai fynd i'r gwasanaeth. Ond celwydd neu beidio, mae hi'n stori eitha ramantus mewn cyfnod pan nad oedd a wnelo cariad fawr ddim â phriodi ac yn cadarnhau stori arall, yr un mor gelwyddog efallai, sy'n dweud mai Clwch oedd ffefryn Catrin ymysg ei gwŷr a bod ganddi gudyn o'i wallt yn y loced a wisgai ar gadwen aur am ei gwddw.

Teimlai rhai fod Catrin yn ei hiselhau ei hun wrth briodi Clwch gan mai pobl gwneud menyg o Ddinbych oedd ei deulu. Beth oedd barn yr hen Ddâm Salsbri amdano tybed? Roedd Syr Richard Clwch ei hun yn ymwybodol iawn o'i gefndir ac yn gwario arno'i hun fel dyn o'i go er mwyn ceisio gwneud argraff ar bobl. Bu ar bererindod i Gaersalem a chael ei urddo'n farchog Bedd Crist. Mynnodd gael pais arfau a'i gosod mewn mannau amlwg ar draws ac ar hyd ei ddau gartref gwych—Plas Clwch a Bachygraig. 'Doedd o ddim yn brin o arian beth bynnag. Ei boen fawr oedd cael etifedd i barhau'r enw Clwch. Cafodd Catrin ac yntau ddwy ferch fach. Cyn bod sôn am y plant, gwnaeth ewyllys faith. Yn honno roedd o'n dweud y câi Catrin aros ym Merain—hyfdra o'r mwyaf o gofio mai hi oedd piau'r lle.

Roedd Syr Richard Clwch yn ddyn busnes go daclus. Dywedai rhai mai Clwch a'i bartner, Syr Thomas Gresham, oedd y ddau ddyn cyfoethocaf ym Mhrydain. Roedd ystafell yn y tŵr ym Machygraig a threuliai Clwch gryn lawer o'i amser yno. Tybiai rhai mai mynd yno i sgwrsio â'r diafol a wnâi a cheir stori am Catrin yn mynd i fyny yno un noson i brofi drosti ei hun. Cyn mentro i mewn, aeth i sbecian drwy'r twll clo a gweld ei gŵr a'r hen Nic yn sgwrsio. Pan agorodd y drws, cythrodd y diafol am Clwch, ei godi i'w freichiau a rhuthro efo fo drwy'r wal gan adael llanastr o'i ôl. Ond mae'n bur debyg mai ei ddiddordeb mewn seryddiaeth a âi a Clwch i'r ystafell yn y tŵr.

Tua 1568 fe baentiwyd darlun o Catrin gan artist Fflemaidd—un o bedwar darlun ohoni. Yn hwn, darlun Llewesog, mae un law iddi yn gorffwys ar benglog a'r llall yn gafael mewn casged sydd ynghlwm wrth wregys o gwmpas ei gwasg. Mae traddodiad yn dweud mai llwch Syr Richard oedd yn y gasged ond gan mai yn 1571 y bu Clwch farw 'dydy hyn ddim yn gwneud fawr o synnwyr. Efallai mai ychwaneg o gudynnau gwallt oedd yn y casged.

Âi busnes Clwch ag ef i Antwerp ac aeth Catrin yno efo fo, ac yna ymlaen i Sbaen a Hamburg. Yno, yn Hamburg, y bu Clwch farw a gadael Catrin yn weddw am yr eildro, yn dri deg chwech oed ac yn fam i bedwar plentyn bach rhwng chwech a blwydd oed.

Wedi iddi ddychwelyd i'r Berain, cyflogodd William Cynwal, bardd o Benmachno, i ysgrifennu hanes ei theulu. Roedd yn y gyfrol amryw o ddarnau barddoniaeth, i gyd yn canu clodydd Catrin. Adroddai un cywydd fel y daethpwyd â chalon Clwch yn ôl adref a'i chladdu yn Yr Eglwys Wen, ger Dinbych. Ysgrifennodd Cynwal gywydd yn croesawu Catrin yn ôl ac yn ei chymell i briodi eto, ond i beidio â gadael y Berain. Cyn pen dwy flynedd roedd hi'n wraig i Maurice Wynn. Yn y cyfamser roedd hi wedi gwrthod priodi Walter Vaughan Y Gelli Aur. Oherwydd ei haddewid i Maurice Wynn tybed? Pwy ŵyr?

Wrth briodi Maurice Wynn roedd hi'n dod yn llysfam i Syr John Wynn o Wydir, y mwyaf enwog o'r teulu hwnnw, ac awdur y gyfrol—'Hanes teulu'r Gwydir'. Ond dyn gwan oedd Maurice a bu'n rhaid i Gatrin ddwyn y rhan fwyaf o'r cyfrifoldeb. Protestant rhonc oedd Wynn; dyn cynnil a chul ei ragolygon. Roedd Dâm Siân yno hefyd, yn barod bob amser i roi ei phig i mewn. 'Y ddwy seiren' y galwai Syr John Wynn Dâm Salsbri a Chatrin. Cafodd Maurice a hithau fab a merch—Edward a Jane. Trefnwyd priodas rhwng Thomas, mab hynaf Catrin a Margaret, merch Maurice Wynn o'i briodas gyntaf, pan nad oedd Thomas ond deg oed. Bu cryn dipyn o helynt cyn iddyn nhw allu priodi ac roedden nhw gryn dipyn yn hŷn erbyn hynny. Ganwyd merch iddyn nhw a'i galw hithau'n Margaret ond ni chafodd gyfle i ddod i adnabod ei thad. Cafodd Thomas ei ddienyddio yn 1586, pan nad oedd hi ond blwydd oed, oherwydd iddo gymryd rhan yng nghynllwyn Babington—cynllwyn i roi Mari, brenhines y Sgotiaid, ar yr orsedd yn lle Elisabeth. Un pur ddiniwed a hawdd ei ddenu oedd Thomas a go brin ei fod o'n teilyngu diwedd mor erchyll.

Erbyn hynny, roedd Catrin wedi priodi'r pedwerydd gŵr, dair blynedd ar ôl marw Maurice Wynn. Protestant selog arall oedd Edward Thelwall, o Blas y Ward, wrth ymyl Rhuthun. Nid oedd sôn bellach am yr offeren yr arferid ei chynnal yn y Berain yn amser Siôn Salsbri ac roedd Catrin wedi hen anghofio ei daliadau Pabyddol. Bu gan Edward, yntau, ddwy wraig o flaen Catrin. Tua'r un amser, priodwyd Jane, merch Catrin a Maurice Wyn a Simon, mab Edward Thelwall, pan nad oedd Simon ond tair ar ddeg oed. Symudodd Catrin ac Edward Thelwall i Blas y Ward a rhoi'r Berain i Margaret ei hwyres, merch Thomas ei mab hynaf.

Roedd Edward Thelwall gryn dipyn yn iau na Chatrin ac yn ôl rhai yn feistr corn arni ac yn ei chadw'n gaeth i'r tŷ. Ond go brin fod hynny'n gywir chwaith—ffrwyth dychymyg rhywun, efallai, yn frwd o genfigen ac am dynnu Catrin i lawr ris neu ddwy.

Cenfigen hefyd, efallai, a barodd i rai daenu storiau celwyddog a chreulon amdani. Roedd ganddi, medden nhw, yn ogystal â'r pedwar gŵr, ddigonedd o gariadon. Pan flinodd ar un o'r rheini, tywalltodd blwm tawdd chwilboeth i'w glustiau a'i gladdu yn y berllan ym Merain.

Efo'i oed yn fantais iddo, gallodd Edward Thelwall oroesi

Catrin. Fe'i claddwyd hi yn Llanefydd ond ni welodd neb yn dda roi carreg i nodi'r fan. Canodd peth wmbredd o feirdd farwnadau amdani, yn Gymraeg, Saesneg a Lladin. Meddai Simwnt Fychan—

> '. . . bu iddi 'mysc budd a mawl
> bedwar o wŷr gwybodawl,
> pedwar post heb annostec
> pedwar angel tawel tec . . .'

Beth bynnag am ei gelynion hi, roedd Simwnt Fychan yn reit sicir o'i chyrchfan—

> '. . .O'i theilwng gyfoeth helaeth
> at Dduw i'r nef Katrin aeth'.

Nid oedd ond pum deg chwech (neu saith) oed pan fu farw ond roedd Cymru'n frith o'i pherth'nasau hi. Pa ryfedd iddi gael ei galw yn Fam Cymru?

2. MARGED UCH IFAN (1696-1801)

Fe symudwn ni o'r Berain a Phlas y Ward i dafarn y Telyrniau, Dyffryn Nantlle, yn y ddeunawfed ganrif, pan oedd bri ar waith copr Drws y Coed. Yno yr oedd Marged uch/ferch Ifan yn byw. Go brin y gellid cael neb mwy annhebyg i'r Gatrin fonheddig na Marged.

Os ydy'r dyddiadau'n gywir, bu Marged fyw o'r ail ganrif ar bymtheg i'r bedwaredd ganrif ar bymtheg. Mae'n wir mai dim ond pedair blynedd a gafodd hi o un ganrif a blwyddyn o'r llall ond gellir dweud iddi fyw mewn tair canrif. Roedd hi, felly, yn gant a phump oed pan fu farw. Ond 'dydy pawb ddim yn derbyn y dyddiaudau. Naw deg dwy oedd hi, yn ôl un hanesydd; cant a dwy yn ôl un arall. Ond ta waeth am hynny; fe allwn ni fod yn weddol sicir ei bod hi wedi byw y rhan orau o ganrif.

Fe all rhywun wneud llawer mewn can mlynedd. A chwarae teg i Marged, fe wnaeth hi'r defnydd gorau o'i blynyddoedd. Beth oedd ei chyfraniad hi, a sut y byddwn ni, yn yr ugeinfed ganrif, yn ei chofio?

Mae gennym ni ddigonedd o ddewis. Fe allem ei chofio am ei gallu fel gof, neu grydd. Un o greiriau'r gorffennol ydy'r efail erbyn hyn. Yno y byddai'r gof yn pedoli'r ceffylau, a'r gwartheg a'r eidion hefyd, yn amser y porthmyn. Roedd yn rhaid wrth y pedolau i arbed traed yr anifail wrth iddo gerdded deunaw neu ugain milltir y diwrnod. Ond nid oedd angen i Marged fynd i'r efail gan ei bod hi'n gallu pedoli ei cheffylau ei hun. Nid oedd raid iddi fynd at y crydd chwaith. Ac nid trwsio esgidiau yn unig oedd ei champ ond eu gwneud nhw, a cherdded milltiroedd ynddyn nhw i brofi eu gwerth.

Gwneud esgidiau a'u gwisgo; pedoli ceffylau a'u marchogaeth; cneifio defaid a gwneud brethyn o'r gwlân a dillad o hwnnw. Dyna restr go dda i ddechrau. Ond nid dyna'r cyfan o bell ffordd.

Heblaw'r ceffylau roedd ganddi ddwsin o leiaf o gŵn, yn cynnwys milgwn, daeargwn a chŵn sbaniel a'r rheini i gyd â graen da arnyn nhw. Fe laddai Marged fwy o lwynogod mewn blwyddyn nag a wnâi'r gwŷr hela mewn deg. Arferai roi marc ar fantell y simnai am bob llwynog a ddaliai. Aeth gŵr o'r ardal ati i gyfri'r marciau unwaith a chael fod yno gant naw deg ohonyn nhw.

Ffefryn Marged ymhlith y cŵn oedd un bach o'r enw Ianto. Un tro gwnaeth Ianto bryd da ar fwyd un o fwyngloddwyr y gwaith copr. Yn ei wylltineb, rhoddodd hwnnw gweir erchyll i'r ci, a'i ladd. Pan glywodd Marged am hyn aeth i lety'r mwyngloddiwr a'i gael y tu allan i'r tŷ yn ymolchi ac yn mwmian canu wrth wneud.

'Canu wyt ti?' holodd Marged.

'Ie,' meddai yntau. 'Canu cnul Ianto yr ydw i.'

Rhythodd Marged arno a dweud yn fygythiol—'Efallai y bydd rhywun yn canu dy gnul dithau cyn bo hir.' Yna aeth oddi yno gan addo y byddai'n ôl wedi iddo ymolchi a newid. Ac fe ddaeth. Roedd hi'n cynnig amodau heddwch; y hi i dalu'n ôl gwerth y bwyd ac yntau i dalu am y ci. Gwrthododd yntau dan chwerthin. Roedd o'n ddyn mawr, ysgwyddog, wedi arfer â gwaith caled. Ond y munud nesaf roedd o'n llyfu'r llawr a Marged yn brasgamu'n ôl adref yn teimlo ei bod hi wedi cael ei dial am golli Ianto. Roedd hi'n ffodus i'r mwyngloddiwr ei bod hi wedi dewis gadael; gallai dyrnod arall fod wedi tawelu ei chwerthin am byth.

Roedd hi'n un barod ei dyrnau. Yn saith deg oed hi oedd yr ymgodymwr gorau yn y wlad ac ychydig iawn o'r dynion, hyd yn oed y rhai ifanc, heini fyddai'n mentro ei herio hi.

Fel Brenhines y Llynnoedd y byddai llawer yn ei hadnabod am ei bod hi'n treulio oriau ar lynnoedd Padarn a Pheris. Byddai'n adeiladu ei chychod ei hun ac yn eu defnyddio nhw i gludo'r mwn copr o waith Drws y Coed. Roedd ganddi forwyn i'w helpu—dynes a allai gystadlu â Marged o ran cryfder corff. Bu'r forwyn yn ei gwasanaeth am ddeugain mlynedd a bu farw yn 1786. Byddai Marged hefyd yn cario ymwelwyr yn ôl a blaen ar y llynnoedd. Unwaith, a hithau'n rhwyfo Mr Smith, perchennog stâd y Faenol, Bangor, yn ei chwch ar lyn Padarn aeth y gŵr bonheddig i'r afael â hi, o ran sbort, efallai. Sbort neu beidio, aeth Marged amdano a'i daflu ar ei ben i'r llyn. Pan gododd i wyneb y dŵr, dyna lle roedd o'n erfyn ar Marged ei dynnu'n ôl i'r cwch. 'Chei di ddim dod,' meddai hithau, 'heb i ti roi hanner gini i mi.' Addawodd Smith y câi hi'r arian a chododd Marged ef yn ôl i'r cwch mor ddi-drafferth â phetai'n bwt o hogyn.

Roedd yna beth wmbredd o ysbryd Byddin Rhyddid Merched ein dyddiau ni yn Marged ferch Ifan. Er i amryw ofyn iddi eu priodi, gwrthod a wnai bob tro gan ddweud nad oedd hi am fynd o dan fawd yr un dyn. Ond o'r diwedd, yn ei hamser da ei hun, fe briododd y mwyaf llwfr a merchetaidd o'r dynion, William ab Rhisiart. Roedd o'n delynor ac yn ôl pob sôn yn ŵr difyr i fod yn ei gwmni. Rhoddodd Marged gweir ofnadwy iddo. Canlyniad y gweir honno oedd i William ab Rhisiart ei phriodi hi, neu iddi hi ei briodi o. Nid dyna'r unig gweir roddodd hi iddo chwaith. Ar ôl yr ail gweir rhoddodd William y gorau i godi'i fys bach a daeth yn un o arweinwyr Methodistiaeth yr ardal. Mae un hanesydd yn bur feirniadol o Marged yn ei dewis o gymar. Meddai—'Nid o dosturi y dewisodd Marged ef, ond yn hytrach fel y gallai hi ddal i fyny y rhagoriaethau a'r uchafiaeth a osodwyd arni gan natur, fel y byddai yr arglwyddiaeth yn hollol yn ei llaw.'

Ond yr oedd i'r dwylo cryfion a allai bedoli a chneifio a

tharo dyrnod ddawn arall hefyd. Mae sôn am Marged yn eistedd y tu allan i dafarn y Telyrniau ar brynhawniau braf yn chwarae ffidil neu delyn a'i chwsmeriaid yn dawnsio o'i chwmpas. Hi ei hun oedd wedi gwneud y ffidil a'r delyn a gallai chwarae'r hen alawon Cymreig i gyd a chyfansoddi rhai newydd. Roedd ganddi, mae'n debyg, lais anghyffredin o beraidd a gwybodaeth fanwl am gerddoriaeth a chynghanedd. Mae un hanesydd yn honni mai Marged a gyfansoddodd yr alaw 'Merch Megan' ac un arall efo'r teitl rhyfedd 'Megan a gollodd ei gardas'. Mae'n bosibl mai Marged biau'r geiriau'n ogystal. Oedd, roedd hi'n gallu barddoni hefyd.

Fe ganodd amryw o feirdd iddi hithau ac mae yn eu mysg nhw saith o hen benillion sy'n sôn am ei gorchestion hi. Dyma bedwar ohonyn nhw. Fel 'Marged fwyn' y sonnir amdani. Ansoddair od i'w ddefnyddio wrth ymdrin ag un a gadwai grafanc i dorri esgyrn pobl a chlocsen i gicio'r gŵr. Sbeis—a siwgwr.

> 'Mae gan Marged fwyn ach Ifan
> Glocsen fawr a chlocsen fechan,
> Un i gicio'r cŵn o'r gornel
> A'r llall i gicio'r gŵr i gythrel.

> Mae gan Marged fwyn ach Ifan
> Grafanc fawr a chrafanc fechan,
> Un i dynnu'r cŵn o'r gongol
> A'r llall i dorri esgyrn pobol.

> Mae gan Marged fwyn ach Ifan
> Delyn fawr a thelyn fechan;
> Un i ganu yng Nghaernarfon,
> A'r llall i gadw'r gŵr yn fodlon.

> Ac mae ganddi, heblaw corlan,
> Geffyl mawr a cheffyl bychan;
> Un i gario'r gŵr o'r dafarn,
> A'r llall i gario'r gôd a'r arian.

Fe luniwyd y penillion, mae'n debyg, cyn ail gweir William ab Rhisiart.

Arferai pobl deithio milltiroedd lawer er mwyn cael cip ar y wraig ryfeddol hon. Yn 1786 aeth Thomas Pennant, yr ysgweier o Sir y Fflint, i'r Nant a chael siom fawr am nad oedd Marged gartref. Mae'n cyfeirio ati fel y 'ferch anghyffredin' ac yn ei chanmol hi fel 'heliwr, saethwr a physgotwr pennaf ei chyfnod'. Efallai ei bod hi, pan alwodd Pennant, wedi symud i lawr i Lanberis i fyw oherwydd fod y gwaith copr yn dod i ben a busnes y Telyrniau wedi dirywio efo fo. Mae rhai haneswyr yn son am Marged fel un o Lanberis, ond er iddi gael ei galw'n Frenhines y Llynnoedd, yn Nant Nantlle y treuliodd y rhan fwyaf o'i hoes, ac fel Marged uch Ifan o'r Telyrniau y byddwn ni'n ei chofio.

Fe'i gelwir hi'n Megan o dro i dro, ac weithiau'n Peggy Evans (Yr 'Ifan' Cymraeg). Dyna'r enw a ddefnyddir yn y pennill Saesneg a gyfansoddwyd i'w roi ar ei bedd. Naw deg dwy oed oedd hi yn ôl hwn, ond efallai mai'r odl sy'n gofyn am hynny. 'Does neb a ŵyr bellach.

'Here lies Peggy Evans who saw ninety two,
Could wrestle, row, fiddle, and hunt a fox too,
Could ring a sweet peal, as the neighbourhood tells,
That would cheer your two ears—had there been any bells.
Enjoyed rosy health in a lodging of straw,
Commanded the saw pit, and wielded the saw.
And though she's departed where you cannot find her,
I know she has left a few sisters behind her.'

Pwy bynnag oedd y 'chwiorydd' rheini, ni fu fawr o sôn amdanyn nhw. 'Doedd ganddyn nhw ddim gobaith cystadlu efo'r gof, y crydd a'r saer coed; y cerddor a'r bardd; yr heliwr a'r ymgodymwr; ceidwad tafarn y Telyrniau a Brenhines y Llynnoedd.

3. MADAM BEVAN (1698-1779)

Pan nad oedd Marged uch Ifan ond dwyflwydd oed (a chymryd fod y dyddiadau'n gywir) ganed merch i John ac Elizabeth Vaughan, Cwrt Derllys, Sir Gaerfyrddin. Ond er i'r ddwy gyd-oesi ym mlynyddoedd cynhyrfus a chythryblus y ddeunawfed ganrif roedd byd o wahaniaeth rhwng y Farged ddynol, werinol o'r Gogledd a'r Fadam ariannog o'r De.

Cafodd Bridget Vaughan gychwyn da. Roedd ei thad yn drefnydd ysgolion yr S.P.C.K. (Cymdeithas Er Taenu Gwybodaeth Gristionogol) yn Sir Gaerfyrddin o 1700 i 1722 ac roedd ei chartref, Cwrt Derllys, yn ganolfan crefydd ac addysg. Rhoddai John Vaughan bwyslais mawr ar ddyngarwch crefyddol. Sicrhaodd addysg i blant tlawd a gwnaeth beth wmbredd o waith i helpu'r tlodion ac i wella cyflwr carchardai.

'Doedd ryfedd i Bridget feithrin diddordeb ym myd crefydd ac addysg. Ymddengys ei bod wedi penderfynu, yn ifanc iawn, bod yn rhywbeth amgenach na gwraig fonheddig, ffasiynol yn byw ar ei harian. Peth naturiol, felly, oedd iddi ddangos brwdfrydedd ynglŷn â'r ysgolion cylchynol—ysgolion Griffith Jones, Llanddowror. Daeth i gysylltiad â Griffith Jones yn weddol gynnar yn ei bywyd, pan oedd ef yn gofalu am ysgolion Talacharn a Llanddowror. Priododd Griffith Jones a Richard Vaughan, ewythr Bridget, ddwy chwaer—Margaret ac Arabella Phillips, chwiorydd Syr John Phillips, Castell Pictwn, Sir Benfro, cyd-weithiwr John Vaughan a noddwr Griffith Jones.

Er bod sawl barn ynglŷn â'r ysgolion cylchynol mae'n sicir iddyn nhw gael dylanwad mawr yn eu dydd ac mae gennym le, fel Cymry, i fod yn ddiolchgar i'r gŵr sobor ac ystyfnig a fu'n gyfrifol am sefydlu'r ysgolion hyn. Amcan Griffith Jones oedd achub ei gyd-genedl. Cawsai ei alw i'r gwaith, meddai, a haerai Hywel Harris, ar dystiolaeth un a fu'n llygad dyst o'r digwyddiad, i Griffith Jones gael gweledigaeth a'i cadwodd mewn llewyg am ddwyawr gyfan. 'Doedd gan Griffith Jones fawr o amynedd â'r rhai oedd yn ei wrthwynebu ac arweiniodd hyn ef i helynt sawl tro. Dywed rhai fod ei gyd-offeiriaid yn frwd yn ei erbyn ac yn ei gyhuddo o fod â chysylltiad agos â'r Pengryniaid (y Methodistiaid). Ceir eraill yn anghytuno â hyn ac yn haeru mai ei elynion pennaf oedd y Bedyddwyr, y Crynwyr a'r Pabyddion. Roedd cryn wrthwynebiad i'r Ysgolion Rhâd gan mai yn Gymraeg yr oedd yr addysg. Saeson oedd y mwyafrif o gefnogwyr y mudiad hwnnw a'r rheini'n credu mai bendith fawr fyddai i'r Cymry golli eu hiaith, unwaith ac am byth. Ond credai Griffith Jones mai'r Gymraeg oedd y cyfrwng gorau i achub y genedl. Roedd o'n ŵr penderfynol yn sicir o'i alwad a'r un mor sicir mai fo oedd yn iawn.

Bwriad Griffith Jones drwy gyfrwng yr ysgolion oedd cael cymaint ag oedd yn bosibl o bobl o bob oed i allu darllen. Roedd yn teimlo'n ddwys ynghylch cyflwr moesol isel ei genedl ac ni allai yn ei fyw weld y gwaith yn symud ymlaen yn ddigon cyflym. Roedd twf araf Ysgolion Elusennol Syr John Phillips, ei frawd yng nghyfraith, yn ei gyffroi'n arw.

Canolbwyntiai'r ysgolion ar ddysgu darllen yn unig. Fe'u cynhelid yn y gwahanol ardaloedd am dri mis yn y gaeaf, pan oedd hi'n ysgafnach ar drigolion cefn gwlad. Cynhelid yr ysgolion yn eglwys y plwyf a rhoddid pwyslais mawr ar ennill cymeradwyaeth a chefnogaeth yr offeiriaid. Roedd yn rhaid cael stoc go dda o arian—i dalu i'r athrawon, i gadw'r disgyblion yn yr ysgolion ac i brynu llyfrau. Byddai Griffith Jones yn casglu'r arian yng Nghymru a Lloegr.

Ni allai, wrth gwrs, gynnal y gwaith heb gefnogaeth. Mae'n debyg fod ganddo, yn Llanddowror, 'deulu' nid anhebyg i deulu Hywel Harris yn Nhrefeca. Yno y byddai'n hyfforddi'r athrawon. Roedd yn rhaid i bob un fod yn aelod ffyddlon o Eglwys Loegr, yn ffyddlon i'r brenin a'r llywodraeth ac yn gwybod y Beibl a'r Catecism ar bennau'u bysedd. Ond nid oedd brwdfrydedd yr athrawon yn ddigon. Roedd yn rhaid iddo wrth rywun a fyddai nid yn unig yn gefn ariannol iddo ond a fyddai hefyd yn gallu deall a chydymdeimlo. Dioddefai Griffith Jones gan iselder ysbryd ac ar adegau felly roedd arno angen cefnogaeth o'r tu allan. Bu'n ffodus yn hyn o beth, oherwydd tyfodd y ferch o Gwrt Derllys, a'i hystyriai ei hun yn 'ddisgybl' iddo, yn gyd-weithiwr brwd. Roedd ganddi'r amser; roedd ganddi'r arian. Ac roedd hi'n credu'n gydwybodol yn y mudiad. Er mai yn nwylo Griffith Jones yr oedd yr awenau, ni fyddai Bridget Bevan byth ymhell i ffwrdd, yn gysur iddo yn yr oriau tywyll ac yn ysbrydoliaeth iddo yn ei waith.

Bu cryn feirniadu arni hithau. Tybiai rhai mai gwraig fusneslyd oedd hi a'r mudiad yn ddim ond tegan i'w difyrru hi. Ond mewn llythyr i'w frawd yn Llundain tystiai Hywel Harris mai hi oedd 'y wraig hawddgaraf, ym mhob ystyr' a gyfarfu erioed. Meddai—

'Mae'n ei chysegru ei hun yn gyfangwbl i wneud da. Mae'n rhannu Beiblau Cymraeg ac mae'n gyfrifol am sefydlu sawl ysgol elusennol. Mae ganddi, medden nhw, tua phum can punt y flwyddyn i'w gwario fel y mynn. Nid oes ganddi deulu, ac felly mae'n gwario'r arian i bwrpas elusengar.'

Ym mysg y llythyrau a anfonodd Griffith Jones ati yn nhri degau'r ddeunawfed ganrif cawn ddarlun ohoni fel gwraig rinweddol iawn yn ymdrechu hyd eithaf ei gallu i ddal gafael yn y pethau gorau a hynny'n aml yn wyneb llu o anawsterau. Meddai Griffith Jones, mewn llythyr dyddiedig Ebrill yr 22ain, 1733—

'Rydych chi wedi fy synnu i gymaint yn ddiweddar, annwyl Fadam, gydag enghraifft arall o'ch cyfeillgarwch fel na allaf mewn geiriau ddatgan fy niolchgarwch. Rwy'n fwy a mwy argyhoeddiadol mai eich bwriad a'ch gofal ydyw gwneud da i bawb. Dyma, yn wir, arwydd o natur ddwyfol sy'n ymdebygu i Dduw ac yn brawf pendant eich bod wedi eich meddiannu â'r Ysbryd Glân.'

Ac eto, ym mis Gorffennaf, 1734 (y llythyrau i gyd yn Saesneg, gyda llaw)—

'Mae eich llythyrau bob amser yn blasu o gariad tuag at y pethau gorau; y cariad y mae'r Ysbryd yn par'a i'w gryfhau o fewn eich enaid gan roi i chwi argyhoeddiad o wirionedd a doethineb ffyrdd Duw; pethau a wawdir ac a wedir gan eraill.'

Rhaid cofio mai barn cyfaill a pherthynas iddi drwy briodas a gawn yma—gŵr a oedd yn dibynnu arni am gefnogaeth mewn mwy nag un ffordd. Ac eto, go brin y byddai hi wedi dal ati efo'r gwaith am ugain mlynedd wedi marw Griffith Jones onibai fod ganddi ddiddordeb diffuant yn y mudiad. Byddai wedi hen flino arno petai'n ddim ond tegan iddi.

Gellir casglu mai gwraig urddasol oedd Bridget Bevan, yn troi mewn cylchoedd cymdeithasol uchel ac yn dal cysylltiad ag amryw o bobl ddylanwadol ei dydd fel yr Iarlles Huntingdon a'r Arglwydd Chesterfield. Roedd ganddi dŷ yng Nghaerfaddon, un o ganolfannau ffasïynol y cyfnod. Pan ddeuai i Gaerfaddon, byddai Whitefield yn pregethu yn ei thŷ. Arferai Griffith Jones ymweld â Chaerfaddon yn flynyddol, er mwyn ei iechyd ac iechyd ei wraig. Mae'n debyg i Griffith Jones gyfarfod â Whitefield yn y dref honno, efallai yn nhŷ Madam Bevan. Ond gan mai Syr John Phillips, noddwr Griffith Jones, oedd noddwr Whitefield hefyd mae'n siwr eu bod nhw'n adnabod ei gilydd cyn hynny.

Priododd Bridget ag Arthur Bevan, bargyfreithiwr o

Dalacharn, ac aelod seneddol dros Gaerfyrddin o 1727 i 1741. Roedd Bevan yn ŵr galluog a chymerai ran flaenllaw yn helyntion gwleidyddol y cyfnod. Pan fu farw yn 1745 gadawodd gryn lawer o'i gyfoeth i'w wraig a defnyddiodd hithau gyfran helaeth ohono i hyrwyddo'r gwaith. Rhoddodd Madam Bevan dabled coffa iddo ar ochr ddeheuol egl⁊ys Talacharn. Ar y dabled ceir teyrnged (yn Saesneg) i'w onestrwydd, ei ffyddlondeb, ei gyfeillgarwch, ei ddycnwch a'i ddawn. Ac ymhellach—

'Yn ei fywyd personol roedd ei ymddygiad yn gyson, gwrol a dymunol; yn gerydd i oes ddirywiedig ac yn addurn i'r mwyaf rhinweddol.'

Ond cymeriad niwlog ydy Arthur Bevan o'i gymharu â'i wraig.

Yn y chwe blynedd o 1732 i 1738 anfonodd Griffith Jones gant saith deg a phump o lythyrau at Bridget Bevan. Cyhoeddwyd naw deg pedwar ohonyn nhw—cyfres o bregethau yn hytrach na llythyrau. Pan fu farw Margaret, gwraig Griffith Jones, yn 1755, aeth i fyw i gartref Madam Bevan yn Nhalacharn ac yno y bu farw chwe blynedd yn ddiweddarach. Dywedir fod y ddau 'fel tad a merch'. Gadawodd bopeth a feddai iddi—gwerth tua saith mil, o gyfri trysorfa'r ysgolion, a'i siarsio i gario'r gwaith ymlaen. Ond nid oedd angen unrhyw siars. O hynny hyd ei marw gweithiodd Madam Bevan yn egnïol dros y mudiad.

Talodd Williams Pantycelyn deyrnged uchel iddi ar gân—

> 'Tithau, bendefiges hawddgar,
>   Sydd a'th enw gwych ar lêd,
> Na ch'wilyddia ddwyn yr achos
>   Nawr ymlaen, yn gadarn gred;
> Gyrr Ysgolion Rhâd yn union
>   O Lacharn i Gaergybi draw,
> Nid oes neb o feibion Aron
>   Na rydd iti help eu llaw.

Buost famaeth i bererin,
    Rwyt ti'n sicir iawn o gael
Am bob defnyn o ddŵr gloew
    Roddaist iddo, berffaith dâl;
Ti chwanegaist at dy goron
    Berlau gwell, y dydd a ddaw,
Nag a gloddir gan yr Indiaid
    Fyth yng ngwlad Golconda draw.'

Bu'n llwyddiannus iawn yn y gwaith. Ond er iddi benderfynu bod yn rhywbeth amgenach na gwraig fonheddig, ffasïynol, roedd yn bur anodd ganddi anghofio'i safle. Ni wyddom faint o ran a gymerai hi yn nhrefn yr ysgolion; efallai mai gweinyddu o bellter yn unig a wnai. Mae sôn am Robert Jones, Rhoslan, yn mynd i lawr i'r De ddwy waith—cerdded bob cam—i ymweld â hi. Ei amcan oedd ymbil arni i roi ysgol i addysgu plant tlawd Gwynedd, yn fwyaf arbennig, mae'n debyg, yn ei ardal ef ei hun. Siwrnai seithug oedd yr un gyntaf gan ei bod hi oddi cartref. Yr ail dro bu'n rhaid iddo ymbil yn bur daer. Roedd hi'n gyndyn o ildio oherwydd iddi gael ei siomi gan anffyddlondeb rhai athrawon. Addawodd roi ysgol i Robert Jones ar yr amod y byddai ef ei hun yn mynd i'w chadw. Cytunodd yntau. Bu'n cadw saith o ysgolion rhwng 1766 a 1778.

Byddai pob math o deithwyr yn ymweld â Llanddowror a Thalacharn. Aeth Evan Evans (Ieuan Brydydd Hir) i ymweld â Madam Bevan wedi marw Griffith Jones. Rhoddodd hithau 'holl waith printiedig Griffith Jones' yn anrheg iddo—anrheg dderbyniol iawn mae'n debyg gan ei fod, bryd hynny, yn derbyn nawdd Syr Watkin Wynn at wneud gwaith ysgolheigaidd.

Ond ymateb anffafriol, a rhagfarnllyd mae'n sicir, a gafwyd gan John Player, un o'r Crynwyr. Meddai ef, wedi ei ymweliad â Madam Bevan—

'Fe'n derbyniodd ni â chryn lawer o ryddid ffasiýnol. Roedd hi'n llawn o wybodaeth ymenyddol, yn rhy ddoeth i ddysgu am Grist ac yn benboeth o blaid yr offeiriaid, er iddi ddweud ei bod yn ddiolchgar inni am ymweld â hi ac yn ei gyfri'n ffafr.'

Yn anffodus, wedi marw Madam Bevan, bu ymrafael ynglŷn â'r ewyllys a throsglwyddwyd y gronfa o ddeng mil i lys y Siawnsri (Canghellys). Aeth pum mlynedd ar hugain heibio cyn i'r achos gael ei benderfynu. Erbyn hynny roedd hi'n rhy hwyr. Yn niffyg cefnogaeth a chynhaliaeth roedd yr ysgolion wedi dirywio'n fawr. Cymerodd Cymdeithas yr Ysgolion Cenedlaethol yr awenau yn 1809 ac ni fu ychwaneg o sôn am yr ysgolion cylchynol.

Ond roedd eu heffaith yn par'a. Fe wyddai Griffith Jones yn dda y gallai ymddiried yn ei gyd-weithiwr. Ac er mai Griffith Jones ei hun oedd sefydlydd yr ysgolion, gallem heb betruster eu galw'n Ysgolion Madam Bevan. Oni bai am ei chymorth hi tybed na fyddai Griffith Jones wedi rhoi'r ffidil yn y to? Roedd pethau'n o ddrwg arno ym mhedwar degau'r ddeunawfed ganrif. Er iddo geisio sicrhau pobl, drwy gyfrwng y 'Welch Piety', yr adroddiad blynyddol, nad oedd yna unrhyw elfen o Fethodistiaeth yng ngwaith yr ysgolion fe'i câi hi'n amhosibl condemnio'r diwygwyr ifanc. Bu John Evans o'r Eglwys Gymun, gelyn mawr Griffith Jones, yn greulon iawn tuag ato ac fe'i cyhuddodd yn agored o fod yn Fethodist. Roedd John Evans yn dân yn erbyn popeth Cymreig. Fe all fod hefyd ryw gynnen bersonol rhyngddo â Griffith Jones. Cyhoeddodd John Evans draethawd yn delio â'r ysgolion cylchynol—traethawd cas a difrïol dros ben yn ceisio dwyn anfri ar Griffith Jones. Ond mae'n debyg i'r traethawd wneud mwy o ddrwg i John Evans ei hun. A thrwy'r cyfan cafodd Griffith Jones loches a swcwr yng nghartref Madam Bevan yn Nhalacharn.

Byd tlawd o ferched fu byd addysg yng Nghymru ar hyd y canrifoedd. 'Does ryfedd, felly, fod Madam Bevan yn haeddu clod arbennig a hynny'n fwyaf neilltuol oherwydd mai hi ydy'r ddolen gyswllt rhwng Griffith Jones a'r bedwaredd ganrif ar bymtheg. 'Does dim dwywaith na fu ei gwaith hi yn cadw'r ysgolion i fynd am ugain mlynedd wedi marw 'Griffith Jones yn foddion ysbrydiaeth i Thomas Charles o'r Bala. Yn sicir ddigon ni ddylem, wrth sôn am gyfraniad Griffith Jones i Gymru, anghofio cyfraniad y ferch o Gwrt Derllys.

4. MARI'R FANTELL WEN (1735-1789)

Tra roedd Madam Bridget Bevan yn ymdrechu i helpu Griffith Jones i gael gwerin Cymru i ddysgu darllen, roedd gwraig o'r enw Mary Evans yn gwneud ei gorau i gael gwerin Sir Feirionnydd i'w derbyn hi a'i chrefydd.

Daeth i Feirionnydd tua 1774, o Sir Fôn neu Sir Aberteifi, yn forwyn, medd rhai, i berson Maentwrog, neu i fyw yn y 'Breichiau' y tu draw i Faentwrog i gyfeiriad Harlech. Roedd hi'n gallu darllen ac ysgrifennu Cymraeg a Saesneg ac roedd hynny, ynddo'i hun, yn ei gwneud hi'n arbennig ymysg y bobl gyffredin. I'r rhai oedd yn credu ynddi, Mari Fendigaid oedd hi; i'r gweddill, cennad, neu was y diafol.

Roedd ganddi ddyn efo hi—gŵr rhywun arall, nid ei gŵr hi. Gadawodd hwnnw ar ei hôl ym Môn neu Aberteifi. Roedd hynny'n ddigon teg, meddai hi, gan nad oedd ei gŵr yn ei deall hi na'i chrefydd. Cnawdol yn unig oedd eu perthynas nhw. Ond roedd hwn yn deall yn iawn ac roedd rhyngddyn nhw, yn ôl Mari, 'berthynas ysbrydol'. Bu'r ddau efo'i gilydd am beth amser. Yna, fe aeth ei phartner ysbrydol, a'i gadael, ond nid yn unig.

Oherwydd roedd Mari wedi llwyddo i gael amryw byd o bobl Ffestiniog a Phenmachno i gredu ei bod hi wedi ei dyweddïo i Grist. Bu priodas fawr un Sul yn Llan Ffestiniog a'i dilynwyr hi'n talu'r gôst i gyd. Aeth cyfran go dda o'r arian i wisgo Mari'n 'wych odiaeth, fel cangen haf', mewn mantell goch 'gostfawr', a chyfran arall i dalu am y neithior, y wledd briodas. Daeth ei dilynwyr hi yno'n llu a gorymdeithio, efo Mari yn y canol, i eglwys y plwyf. Yno y cynhaliwyd y gwasanaeth oedd yn ei phriodi hi â Christ. O'r eglwys aeth y cwmni i dafarn Y Tŷ Isa a threulio gweddill y diwrnod mewn sbri fawr.

Dywedir i Jones Edern (y John Jones a fu'n weinidog gyda'r Methodistiaid Calfinaidd efallai) ddod heibio'r diwrnod hwnnw a dweud—

'Wel, Mari, yr wyt wedi myned yn Fari'r Fantell Goch heddiw yn lle Mari'r Fantell Wen.'

'Hw bw,' meddai Mari. 'Y mae'r dyn yn fy ngwaradwyddo i ac yn erlid priod Crist.'

Parodd hyn i ddilynwyr Mari gynhyrfu'n arw a bu'n rhaid i Jones Edern ddianc nerth ei draed.

Ar y Suliau gwisgai Mari a'i dilynwyr fentyll gwynion. Byddent yn dringo llethrau mynydd Y Manod, rhwng y Blaenau a Llan Ffestiniog, ac yn cynnal defodau yno. Rhyw fath o wasanaethau crefyddol oedd y rhain mae'n debyg, efo Mari yn siarad ac yn dysgu ei dilynwyr a hwythau'n ei hateb drwy weiddi Amen, Amen, Amen, yn gyflym drosodd a throsodd. Dywed Gethin Jones, bardd a llenor o Benmachno, dyn oedd â diddordeb mawr yn hanes y plwyfi o gwmpas ei gartref, fod cylch cerrig ar y llannerch lle roedd Mari'n dysgu ei dilynwyr. Mae sôn am gylch cerrig yn ein hatgoffa ni o'r hen Dderwyddon yn cynnal eu defodau allan yn yr awyr agored. O fewn i gylch meini y cynhelir Gorsedd y Beirdd a'r cerrig wedi eu gosod ar batrwm y Nôd Cyfrin sy'n symbol o Gariad, Cyfiawnder a Gwirionedd yn dod at ei gilydd ym mherson Duw. Honnai Mari'n aml ei bod hi wedi priodi Cyfiawnder.

Tybed faint a wyddai Mari am hyn oll a beth oedd ystyr y cylch cerrig ar y llain tir yn Ffestiniog? Yn 1884 dywedai Gethin fod y cylch i'w weld ar y llannerch.

Cyhoeddodd Robert Jones, Rhoslan, athro yn un o ysgolion cylchynol Griffith Jones a phregethwr efo'r Methodistiaid, lyfr dan y teitl *Drych yr Amseroedd,* sy'n sôn am effaith y Diwygiad Methodistaidd yng Nghymru. Ynddo mae'n disgrifio dilynwyr Mari fel 'ynfydion tywyll'. Ond efallai nad oedden nhw ddim mor ynfyd. Yn ôl pob sôn roedden nhw'n bobl dda a diniwed. Roedden nhw'n credu ym Mari ac yn derbyn fod Crist yn siarad drwyddi. Roedd dod ati hi, meddai, yr un peth â dod at Grist, a phopeth a wneid iddi hi yn gyfystyr â'i wneud i Grist.

Rydym ni'n ddigon cyfarwydd â hanes Siân D'arc, y ferch o Domremy yn Ffrainc a oedd yn honni fod Duw a'r seintiau yn siarad efo hi. 'Merch y diafol' oedd hi, meddai'r esgobion, ac fel gwrach y cafodd ei llosgi yn 1431 ar sgwâr Rouen. Ddeunaw mlynedd yn ddiweddarach caed gorymdaith fawr drwy strydoedd y ddinas er cof ac o barch tuag ati. Heddiw, fel un o'r seintiau y byddwn ni'n cofio am Siân D'arc.

Roedd Mari, hefyd, yn Fendigaid, o leiaf ymysg ei dilynwyr, ac roedden nhw'n hapus o gael eu dysgu ganddi. Ond 'doedd ei gwrthwynebwyr ddim mor hapus. Âi ei dilynwyr yn un dyrfa at ddrysau tai yn Ffestiniog gan afael yn nwylo'i gilydd a chyd-adrodd math o weddi reglyd, yn melltithio pobl y tai hynny am wrthod credu ym Mari. Fe fydden nhw, dro ar ôl tro, yn tarfu ar y gwasanaeth yn Llandecwyn. Roedd gan Mari, mae'n amlwg, ddylanwad mawr, a byddai amryw o'i dilynwyr, wrth symud i ardal arall i fyw, yn mynd â'r sôn amdani efo nhw ac yn ennill rhagor o ddilynwyr iddi. Roedd ei 'chylch' hi yn cynnwys Llanfihangel, Llandecwyn, Maentwrog, Ffestiniog, Penmachno a Phenrhyndeudraeth. Arferai roi wythnos i bob lle. Ar y Gwener byddai'n dychwelyd i dŷ o'r enw Y Berth Las ar lan afon Dwyryd. Roedd yno garreg fawr wrth ddrws y tŷ (dywed rhai ei bod hi yno eto). Byddai Mari yn dringo i'w phen, yn gweiddi 'hw, hai' yn uchel deirgwaith i dynnu sylw ac yna'n cyhoeddi—'Byddwn yn y lle a'r lle yr wythnos nesaf.' Mae'n debyg fod ganddi o drigain i ddeg a thrigain o ddilynwyr ond cyfran fechan—tua deuddeg—o'r rheini oedd yn ferched.

Tua diwedd oes Mari, yn Ne Orllewin Lloegr, roedd
Joanna Southcott, merch i ffermwr, yn hawlio fod ganddi
allu goruwchnaturiol ac yn ysgrifennu proffwydoliaethau.
Daeth llawer o bobl i'w dilyn hithau, rhai o chwilfrydedd
efallai, ond y mwyafrif yn credu ynddi hi a'i gallu. Fe fu
farw yn 1814 o glefyd yr ymennydd. Roedd ganddi focs wedi
ei selio a chyn iddi farw fe roddodd orchymyn nad oedd y
bocs i gael ei agor ond pan fyddai'n argyfwng ar y wlad, a
hynny yng ngŵydd esgobion. Credai ei dilynwyr, mae'n
debyg, fod rhywbeth gwyrthiol ynddo ond pan agorwyd y
bocs yn 1927 ac un esgob yn bresennol ni chafwyd dim o
ddiddordeb ynddo.

Fel penboethyn neu ffanatig crefyddol y disgrifir Joanna
Southcott ac fel 'twyllwraig' y disgrifir Mari yn y
'Bywgraffiadur Cymreig'. Ydy hynny'n hollol deg, tybed?

Mae'r beirdd, yn arbennig Cynddelw, yn o galed ar Mari.
Dyma'r englyn a luniodd ef wrth ei bedd—

'Llyma rych llwm y wrachen—yng ngolwg
    Oedd angyles glaerwen;
  Byw ar hudo bu'r hoeden
  Mewn twyll wisg, sef 'mantell wen'.'

'Dydy Clwydfardd ddim mor ddamniol ond mae yntau'r
un mor argyhoeddedig mai twyll oedd y cyfan—

'Y dduoer, oer ddaearen—yw olaf
    Wely pawb heb amgen;
  A llyma'r fan lle mae'r feinwen
  Fu'n twyllo'i hoes dan fantell wen.'

Mae sôn iddi geisio twyllo'i dilynwyr unwaith, pan oedd
hi'n disgwyl plentyn. Roedd hi'n honni mai Crist oedd y tad
ac y byddai'r enedigaeth, felly, yn un ddwyfol. Ond fe aned
y plentyn yn farw ac fe gynhaliwyd Cymanfa gan ei

disgyblion hi i drafod y mater. Yn y Gymanfa, meddai hen wraig 'Y Tryfal', fferm yn Llan Ffestiniog—'Os beichiog, beichiog ac esgynedig'. Roedd hynny fel dweud y byddai geni'r plentyn dwyfol wedi profi fod y broffwydes yn dweud y gwir ond fod colli'r plentyn wedi profi'n wahanol. Atebodd Mari—'Ni fydd y sach yn waeth ar ôl tywallt y ceirch ohoni.' Nid oedd colli'r plentyn, meddai, yn gwneud gronyn o wahaniaeth; yr un oedd hi, a'r un oedd ei neges hi.

Nid oes dim i brofi fod y digwyddiad wedi siglo dim ar ffydd ei dilynwyr hi. Yn wir, fe ddywedir iddyn nhw gadw darnau o'i dillad wedi ei marw, fel rhyw fath o greiriau sanctaidd. Roedd hi wedi perswadio ei dilynwyr na fyddai hi byth farw ac fe gadwyd ei chorff yn hir heb ei gladdu gan ddisgwyl y byddai'n atgyfodi. Ond o'r diwedd bu'n rhaid ei chladdu yn Llanfihangel y Traethau, gerllaw Harlech. Gellir gweld ei bedd yno heddiw.

Mae Gethin, mewn pennill o'i gerdd 'Trem o ben y Manod', yn dweud fod ei bedd i'w weld o ben y mynydd lle byddai hi a'i dilynwyr yn cynnal eu defodau rhyfedd yn y cylch cerrig—

'Tremiaf ennyd ar Dŵr Bronwen, a bedd Mari'r Fantell Wen,
'Rhon fu gynt ar ben y Manod yn ymryson dweud Amen;
Ie, gwelaf forglawdd Madog, 'rhwn a saif yn oesawl sarn
A thrwyddo cofir enw'r gwron hyd gyffroad mawr y farn.'

'Does neb a all brofi bellach ai twyllwraig oedd Mari, ynteu a oedd ganddi ryw neges a chysur i'w gynnig. Ond tybed na chlyw'r glust fain a'r dychymyg meinach amen ei dilynwyr hi'n atseinio o lethrau'r Manod ar noson dawel?

5.   MRS THRALE (1740-1821)

Hester Lynch Salsbri, Thrale, Piozzi—mae gennym ddewis o gyfenwau. Ond efallai mai'r ail ydy'r mwyaf cyfarwydd. Mrs Thrale a fu'n cymowtan drwy Gymru a'r Cyfandir efo'r enwog Dr Johnson (a Thrale ei gŵr wrth gwrs). Ac o'i gweithiau llenyddol yr enwocaf ydy'r *Thraliana*—casgliad o ddyddiaduron sydd nid yn unig yn rhoi darlun manwl o Hester Lynch a'i theulu ond o fywyd y cyfnod.

Er mai yn Lloegr y treuliodd Hester Lynch y rhan helaethaf o'i hoes, o Gymru y cychwynnodd hi. Blynyddoedd digon terfysglyd a fu'r rhai hynny hefyd a hynny oherwydd ei thad, John Salsbri. Cariad a barodd i Hester Maria Cotton, merch i farwnig, wrthod y dynion parchus a oedd am ei phriodi hi a dewis y cefnder gwyllt o Bachygraig. Roedd gan Hester Maria ffortiwn eitha taclus ond aeth y cyfan i dalu dyledion ei gŵr. Eu gobaith oedd y cai Hester Lynch fach y swm o ddeng mil ar ôl ei hewythr, Syr Robert Cotton, brawd ei mam. Yn anffodus, bu ef farw'n sydyn ac aeth y cyfan i'w frawd.

Ym Modfel, gerllaw Pwllheli, y ganed Hester Lynch ac yno y bu hi nes ei bod hi'n saith oed. Cai ei thad drafferth i gynefino â'r wlad wedi cynnwrf Llundain a threuliai ei amser yn yfed efo'i gymdogion ac yn chwarae efo'i ferch fach. Meddai Hester, flynyddoedd yn ddiweddarach—

'Fi oedd eu tegan nhw. Er bod addysg i ferched bryd hynny'n anathema roedden nhw wedi fy nysgu i i ddarllen, siarad a meddwl, a chyfieithu o'r Ffrangeg nes fy mod i'n rhyfeddod o blentyn.'

P. Violet pinx.t
M. Bovi sculp.

Treuliodd Hester weddill blynyddoedd ei phlentyndod efo'i mam yng nghartref Syr Robert yn Swydd Hertford ac yn Llundain. Deuai'r tad heibio o dro i dro yn ffwdan i gyd ond ni allai ei frawd yng nghyfraith ac yntau oddef ei gilydd.

Rhoddai Hester Lynch gryn sylw i'w blynyddoedd cynnar yng Nghymru a hynny'n fwyaf arbennig er mwyn pwysleisio ei thras. Roedd ei mam yn hannu o briodas gyntaf Catrin o'r Berain a'i thad o'r ail briodas. Treuliodd Hester oriau lawer yn olrhain ei hynafiaid ac yn llunio ei choeden deuluol.

'Doedd hi ddim yn ferch brydferth. Roedd ei thrwyn hi'n rhy hir, ei cheg yn rhy lydan a'i dwylo'n rhy fawr. Ond roedd ganddi bersonoliaeth arbennig ac roedd ei bywiogrwydd hi'n denu pobl ati. Ychydig o addysg ffurfiol a gafodd hi. Ei mam a'i modryb, yr Arglwyddes Salsbri, oedd ei hathrawesau hi ond pan oedd hi'n ddwy ar bymtheg oed dechreuodd ddysgu Lladin o dan gyfarwyddyd Dr Collier, hen lanc canol oed. Bu perthynas glos rhwng Hester a Collier am flynyddoedd.

Erbyn hyn roedd Hester yn ffefryn mawr gan ei hewythr, Thomas Salsbri o Offley, brawd ei thad, a'i wraig. Gan nad oedd iddyn nhw blant roedd pethau'n ymddangos yn bur addawol. Roedd John Salsbri yn ddibynnol ar ei frawd am bopeth. I ŵr o'i natur ef roedd hynny'n anioddefol. Bu sawl ffrae rhyngddyn nhw a hynny'n arwain i'r ffrae fawr derfynol yn 1761. Roedd gwraig Syr Thomas wedi marw ac yntau'n fflyrtio efo'r Anrhydeddus Mrs King er mawr ofid i deulu Hester. Tua'r un adeg daeth gŵr ifanc o Lundain i ymweld ag Offley ar wahoddiad Syr Thomas. Cafodd y gŵr ifanc hwn—Henry Thrale—groeso da gan bawb ond Hester Lynch a'i thad. Yn wir, roedd yn gas gan John olwg y dyn ac roedd y ffaith fod ei wraig yn frwd am ei gael yn ŵr i Hester yn ei gynhyrfu'n fawr. Bu hyn, a'r sôn am briodas Syr Thomas a Mrs King, yn ormod iddo. Hanner canrif yn ddiweddarach roedd Hester, wrth gofio noson ei farw, yn ysgrifennu—

'Pum deg tri o flynyddoedd, i'r diwrnod—eto mae fy nheimladau i mor finiog ag erioed.'

Roedd y John gwyllt, emosiynol, er ei holl feiau, yn ffefryn gan lawer. Cliriodd Syr Thomas holl ddyledion ei frawd ac addawodd gymryd gofal o'r weddw a'i merch. Parodd Dr Collier i Hester anfon llythyr ymbilgar at ei hewythr ond gwrthodai ei balchder iddi fynd ar ofyn neb, er bod ei sefyllfa'n bur druenus ar y pryd. Yr unig obaith, yn ôl ei mam, oedd iddi briodi Mr Thrale. Gwnaeth yn siŵr fod Dr Collier yn diflannu o fywyd Hester unwaith ac am byth er mwyn cael y ffordd yn glir i Thrale. 'Does wybod beth a barodd i'r gŵr ifanc o Lundain fynnu cael Hester yn wraig. Ni ddangosodd erioed gariad tuag ati. Yn wir, byddai'n ei hanwybyddu'n llwyr gan amlaf. Efallai mai'r deng mil a addawodd Syr Thomas yn waddol a'i denodd—'does wybod. Ond priodi wnaethon nhw, ym mis Hydref 1763. Pa obaith oedd gan Hester druan yn erbyn ei mam a'i hewythr a Thrale? Roedd hi'n ddigon doeth i sylweddoli mai priodi o ddyletswydd ac nid o gariad a wnai ond penderfynodd wneud y gorau o'r gwaethaf. Meddai—

'Mae'n dewis ni o'n gilydd wedi ei seilio ar reswm nid ar deimlad ac yn rhoi inni'r hawl i ddisgwyl peth hapusrwydd.'

Darllawydd a dyn busnes oedd Henry Thrale; dyn oer a phell. Os oedd ganddo allu i deimlo 'doedd o ddim am ddangos hynny ac er i Hester geisio'i doddi a hyd yn oed ysgrifennu barddoniaeth iddo ni chafodd fawr o lwyddiant. I'w gartref ef, Streatham Park, yr aethon nhw ac yno y treuliodd Hester flynyddoedd cythryblus, yn geni plant ac yn eu colli; yn ceisio ennill serch ei gŵr marmor; yn barddoni ac yn dyddiadura. Geneth ramantus oedd hi, wedi'i difetha braidd efo gormod o sylw, ond fe ddaeth at ei choed yn eitha sydyn pan briododd â Thrale. Hyd yn oed pan oedd o adref yn Streatham ychydig o sylw a gymerai ohoni er iddo'i chadw'n feichiog ar hyd y blynyddoedd. Roedd ei lle hi, yn ôl Thrale, yn yr ystafell gyfarch a'r gwely. Gwrthodai iddi farchogaeth oherwydd fod hynny, yn ei farn ef, yn hobi rhy wrywaidd. Ond awgrymai rhai fod a wnelo'r ffaith fod ei feistres, Polly Hart yn farchoges ddawnus, rywbeth â'r peth. Gan nad oedd Thrale yn fodlon i Hester gael rhan ym mywyd cymdeithasol Llundain chwaith 'doedd yna fawr ddim iddi ei wneud ond llenydda.

Roedd hi wedi diflasu'n llwyr pan gyfarfu â Dr Johnson ym mis Ionawr 1765. Dichon iddi hithau, fel y mwyafrif, gael ei dychryn gan olwg allanol y dyn—y corff mawr, blêr yn plycio, y gwanc bwyd a'r arferion mochynaidd. Ond roedd ei athrylith yn gorbwyso'r cyfan. Daeth Johnson yn ymwelydd cyson â'i chartref a neilltuwyd ystafell yn Streatham ar ei gyfer. Roedd ganddo'i gadair arbennig wrth y tân a'i dŷ haf yn yr ardd. Ei ddewis o oedd y mwyafrif o lyfrau'r llyfrgell ac fe wnaethon nhw labordy yn un swydd er mwyn iddo gael cyfle i ymarfer ei hobi. Ond daeth pen sydyn ar hynny oherwydd ei fod yn dueddol o or-wneud pethau a bod perygl iddo chwythu'r tŷ i fyny yn ei gyffro.

Roedd gan Henry Thrale ddiddordeb mawr mewn gwleidyddiaeth ac roedd o'n awyddus i gynrychioli Southwark yn y Senedd. Gweithiodd Hester yn ddygn ar ei ran er iddi, yng nghanol y cynnwrf i gyd, eni merch a'i cholli'n bedwar diwrnod oed. Ond roedd Hester wedi dysgu, wrth gyd fyw â Thrale, fod yn rhaid cuddio gofid personol a symud ymlaen. Etholwyd Thrale yn aelod seneddol dros Southwark, heb neb yn ei wrthwynebu.

Drwy'r cyfan, glynodd Hester yn selog wrth ei llenydda a darllenai Johnson ei gwaith gan daro nodiadau ar y cefn. Yn sgîl Johnson daeth eraill i Streatham—yn cynnwys Baretti; Syr Joshua Reynolds; Goldsmith; David Garrick ac Edmund Burke. Ond er bod Johnson yn edmygu dawn Hester gwnâi ati i gefnogi ei gŵr ym mhob dadl. Teimlo yr oedd o mae'n debyg fod yn rhaid cadw'r merched yn eu lle—sef yn y cefndir. 'Doedd cael cwmni Johnson ddim yn fêl i gyd. Gorfodai Hester i aros ar ei thraed ymhell i'r nos i fod yn glust iddo. Ni chymrai hi mo'r byd â rhoi taw arno fel y gwnai ei gŵr. Gofalai Thrale fod Johnson yn lân a thaclus, yn newid ei grys yn ddigon aml ac yn gwisgo byclau arian ar ei esgidiau. Cymerai Johnson ddiddordeb mawr yn y plant, yn arbennig yn Hester Maria, yr hynaf ohonyn nhw. Ei lysenw arni oedd Queeney a glynodd yr enw hwnnw wrthi ar hyd ei hoes.

Dechreuodd Hester gadw dyddiadur a'i lenwi'n selog efo manion teuluol. Daeth y dyddiadur ymhen amser yn fwy personol. Ynddo, cai gyfle i ymlacio wedi straen cadw wyneb. Ceir yn y dyddiadur ddarlun clir o'i pherthynas hi a Queeney. Merch ei thad oedd hi'n sicir. Meddai ei mam amdani—

'Mae hi'n cadw iddi'i hun ac mae ganddi ddogn da o ystyfnigrwydd. Mae ei chalon, greda i, yn wag o gariad tuag at neb yn y byd ond yn cynnwys digonedd o gasineb tuag at amryw.'

Fe aned deuddeg o blant i Hester ond collodd wyth ohonyn nhw, o un i un. Harri'r mab oedd ei ffefryn hi—plentyn hoffus a bywiog, yn debycach i'w fam o ran natur. Ond bu Harri farw'n naw oed o lid y coluddyn. Roedd hi eisoes wedi colli pedair merch—Frances ac Anna Maria, Penelope a Lucy a mab, Ralph. Ond bu colli Harri yn ergyd drom iddi hi a Thrale. Harri oedd yr etifedd a oedd yn mynd i gadw enw'r teulu'n fyw.

Bu sawl sgandal ar lêd ynglŷn â Thrale. Er bod Hester yn gwybod yn dda nad oedd ei gŵr yn ffyddlon iddi roedd gweld cyfeiriadau at hynny mewn print oer yn ysgytwad iddi. Rhwng hynny a cholli'r plant mae'n syndod sut yr oedd hi'n gallu dal ymlaen. Ond roedd hi'n beth fach wydn. Gweithredai'n gyson ar gyngor Johnson i gadw'n brysur.

Cred rhai fod tuedd yn Hester i ddramateiddio popeth a'i bod wedi rhoi gwêdd rhy anffafriol ar ei pherthynas â'i gŵr.

Ond rhaid cofio mai adwaith personol a geir yn y *Thralina* a gellir bod yn eitha sicir o'i ddiffuantrwydd. Ar wahân i oerni ei gŵr roedd yn rhaid iddi ddioddef oerni'r merched. Roedd y pedair ohonyn nhw yn cilio oddi wrthi a hynny, mae'n debyg, oherwydd dylanwad Queeney arnyn nhw. Cyfeiriai Hester atyn nhw fel 'merched Mr Thrale' neu y 'Miss Thrales'.

Ar Ebrill y pedwerydd, 1781, bu Thrale farw. Yn union wedyn dechreuodd pobl siarad am ddyfodol y weddw a Dr Johnson. Yn wir, trannoeth angladd Thrale, roedd Boswell yn ysgrifennu rhigymau digri yn sôn am berthynas Hester a Johnson. Ond go brin y byddai'r Hester fach fywiog yn dewis priodi un ddeng mlynedd ar hugain yn hŷn na hi a hwnnw'n fregus ei iechyd, Iddi hi—'Cyfaill, Tad, Gwarchodwr ac Ymddiriedwr'—oedd Johnson. Mae'n sicir fod yna berthynas ryfeddol o glos rhyngddyn nhw a hyd yn oed os nad oedd Johnson am ei chael hi'n wraig 'doedd o ddim am i neb arall ei chael hi chwaith. Roedd Hester erbyn hyn yn gyfforddus gyfoethog. Credai ei bod wedi gadael ei threialon o'i hôl ac roedd hi'n edrych ymlaen yn eiddgar i'r dyfodol. Ond cafodd dair blynedd gythryblus tu hwnt, yn llawn helyntion busnes a phroblemau teuluol, cyn iddi, o'r diwedd, allu mwynhau'r hapusrwydd hwnnw yr oedd hi'n ei haeddu.

Cyn i Thrale farw roedd Eidalwr o'r enw Gabriel Piozzi yn ymwelydd cyson â Streatham. Byddai ei ganu swynol yn denu eraill yno a chaed nosweithiau hyfryd yn ei gwmni. Er i Hester wneud sbort o Piozzi y tro cyntaf y clywodd ef yn canu daeth i gymryd diddordeb mawr ynddo fel canwr ac fel dyn. Gan na chawsai gyfle erioed i roi rhyddid i'w theimladau roedd yr atdyniad tuag at Piozzi yn ei dychryn. Er hynny, roedd hi'n ysu am gael y profiad o syrthio mewn cariad am y tro cyntaf erioed. Roedd Johnson yn cwyno o'r gowt a'r gofal i gyd arni hi. Teimlai'r caethiwed yn fawr.

Roedd hi wedi gobeithio cael cyfle'n awr i ymlacio a mwynhau bywyd.

O'r diwedd, wedi misoedd o ddotio ar Piozzi, penderfynodd Hester gyfaddef ei theimladau ar goedd. Ond druan ohoni. 'Doedd hi ddim wedi gobeithio gormod, ond bu'r gwrthwynebiad ffyrnig a chreulon, yn neilltuol o du'r merched, yn loes iddi. Mynnai Queeney y byddai, wrth briodi Piozzi, yn dwyn gwarth ar y teulu am fod y dyn yn Eidalwr, yn ganwr ac yn Babydd. Yng nghanol yr helynt i gyd bu Harriet, yr olaf o'r deuddeg plentyn, farw a rhoed hi i orwedd efo'r lleill ym mynwent Streatham.

Gorfodwyd Piozzi, i bob pwrpas, i adael y wlad. Wedi iddo adael nid oedd modd cysuro Hester ac roedd ei hiechyd yn dioddef oherwydd hynny. Ar gyngor y meddyg cytunodd Queeney i anfon am Piozzi. Roedd yntau'n gyndyn o adael diogelwch yr Eidal a dychwel i wlad lle nad oedd ond gwawd a gelyniaeth yn ei aros. Bu'n oedi'n hir, ond o'r diwedd daeth i weld Hester i Gaerfaddon. Trannoeth roedd hi'n ysgrifennu yn ei *Thraliana*—

'Diwrnod hapusaf fy mywyd, mi gredaf. Ie, yr hapusaf o'r cyfan.'

Er yr holl wrthwynebiad dilynodd Hester ei chalon a phriodi Piozzi. Roedd Johnson yn gandryll o'i go. Er ei fod o'n gwybod am y berthynas rhwng Hester a Piozzi roedd o wedi byw yn y gobaith na ddeuai dim o'r peth. Cyhuddodd Hester o droi ei chefn ar ei theulu, ei chrefydd a'i gwlad, ac arno ef yn fwy na dim. Digiodd yn bwṭ wrthi, ac er iddi hi ymhen amser geisio cymod nid oedd am wneud dim â hi. Wedi iddi hi a Piozzi adael Lloegr i deithio'r Eidal, meddai Johnson wrth Fanny Burney, un arall a fu'n wrthwynebydd creulon i'r briodas—

'Rwy'n ei halltudio'n llwyr o'm meddwl. Os dof ar draws un o'i llythyrau rwy'n ei losgi ar unwaith. Fydda' i byth yn siarad amdani a 'dydw i ddim eisiau clywed gair amdani eto.'

Roedd Johnson, mae'n amlwg, wedi anghofio'r holl ofal a'r caredigrwydd a fu ac yn pwdu fel plentyn oherwydd i Hester ddewis rhoi sylw i rywun arall. A phan fu Johnson farw bu amryw o'i gydnabod yn brysur yn ei chyhuddo o'i wrthod yn awr ei angen ac yn mynd mor bell a dweud y byddai wedi byw flynyddoedd yn ychwaneg oni bai iddi fynd a'i adael.

Ond yn yr Eidal roedd Hester allan o gyrraedd y tafodau maleisus ac yn hapusach, meddai, nag y bu ers dwy flynedd ar hugain. Roedd hi'n ganolbwynt bob cwmni ac yn mwynhau hynny'n fawr. Efallai iddi glywed am y sylwadau creulon yn y *Morning Post* ac am lythyr Mrs Montagu a oedd yn awgrymu fod y diweddar Mrs Thrale wedi ei chaethiwo mewn lleiandy yn Milan a'i gŵr yn haeru ei bod hi'n orffwyll. Ond roedd yr hapusrwydd newydd yn gorbwyso'r cyfan.

Daeth ceisiadau i Hester am wybodaeth ynglŷn â Johnson gan rai a fwriadai ysgrifennu cofiannau iddo. Roedd hi wedi bwriadu ysgrifennu cofiant iddo ei hun ond golygai hynny ddychwelyd i Lundain a gwyddai na fyddai croeso iddi hi a'i gŵr yn y ddinas honno. Fodd bynnag, roedd hi'n awyddus i wneud defnydd o'r dywediadau y bu'n eu croniclo mor ddiwyd ar hyd y blynyddoedd ac yn 1786 cyhoeddwyd—*Anecdotes of the late Samuel Johnson Ll.D.* Cafodd y gyfrol dderbyniad cymysg. Er bod popeth a groniclai Hester yn wir roedd ei dicter tuag at Johnson oherwydd iddo droi ei gefn arni yn sicir o amharu rywfaint ar y gwaith. Cyhuddai Johnson hi o fod yn anghyson. Ond er yr anghysonderau hyn (roedd hi'n dueddol iawn o gymysgu dyddiadau ac o newid trefn geiriau i'w phwrpas ei hun) bu'r gyfrol o fudd mawr i ysgolheigion.

Bu'r Piozzis yn teithio'n gyson a Hester yn treulio'i dyddiau yn crwydro orielau neu'n sgwrsio mewn cwmni dethol. Yna, yn 1787, dychwelodd y ddau i Lundain. Roedd rhai o'r hen gydnabod yn eitha parod i anghofio'r hyn a fu ond nid oedd aelodau'r Sanau Gleision (cynideithas ddethol o ferched diwylliedig y cyfnod) yn fodlon ei derbyn yn ôl. Nid oedd Queeney, chwaith, wedi maddau iddi ac wedi iddi wneud ei dyletswydd a galw i'w gweld cadwodd draw oddi wrthi. Teimlai Hester fod Queeney yn chwerwi meddyliau'r merched eraill tuag ati a phenderfynodd gael Cecilia, yr ieuengaf, o dan ei gofal hi. Parodd hynny i Queeney gilio ymhellach fyth.

Bu adwaith Thrale a Johnson i Gymru yn ystod taith 1774 yn siom fawr i Hester. Roedd eu clywed yn diraddio'r wlad yn sarhâd personol arni hi. Ond pan aeth Piozzi a hithau ar ymweliad â Dyffryn Clwyd cafodd fod ei hail ŵr yn dotio ar Gymru a'i fod mor awyddus â hithau i wneud ei gartref yno ryw ddiwrnod.

O dipyn i beth llwyddodd Hester a Gabriel i ennyn parch a chyfeillgarwch amryw o'r rhai a fu'n frwd yn eu herbyn. Gobaith mawr Hester oedd cael plentyn gan Piozzi i etifeddu'r ystad yng Nghymru. Ond collodd yr unig blentyn wrth ei gario a gan ei bod erbyn hyn yn tynnu am ei hanner cant bu'n rhaid iddi, er ei gofid, adael dyfodol y teulu i'r Miss Thrales.

Yn 1788 cyhoeddodd ddwy gyfrol o lythyrau Johnson. Er bod y *Morning Post,* fel arfer, yn elyniaethus, cafodd gryn clod a chefnogaeth o lawer cyfeiriad. Cafodd Boswell ei gythruddo'n arw gan mai ychydig o gyfeiriadau a geid ato ef yn y llythyrau a'r rheini yn rhai eitha sarhaus. Pan gyhoeddodd ei gyfrol o hanes bywyd Johnson gwnaeth ati i ddilorni Hester a hynny'n gyfrwys dros ben. Roedd Baretti hefyd wedi cynhyrfu'n arw oherwydd y llythyrau. Cyhoeddodd erthyglau creulon ac enllibus yn cyhuddo Hester o bob camwedd o dan haul.

Er yr holl helyntion daliodd Hester ati mor ddygn ag erioed. Dechreuodd gymryd diddordeb mawr yn y theatr. Lluniodd epilog i drasiedi Greatheed ac fe gyflwynwyd hwnnw gan Sarah Siddons. Fe'i derbyniwyd hi'n ôl i gylch y

Sanau Gleision a daeth Sarah Siddons a hithau yn gyfeillion mawr. Cyhoeddodd gyfrolau yn disgrifio ei theithiau yn Ffrainc, yr Eidal a'r Almaen. Daeth y merched i'w gweld wedi dieithrwch o chwe blynedd. Ond er bod ei gobaith hi'n uchel roedden nhw yr un mor oer a phell.

Roedd Hester a Piozzi yn awyddus i ddychwelyd i Gymru. Byddai atgyweirio Bachygraig yn rhy gostus a phenderfynodd y ddau gael tŷ ar fryn Tremeirchion. Galwyd y cartref yn Brynbella—y Bryn i blesio Hester a'r Bella i blesio Piozzi. Fe aethon nhw a Cecilia i aros i Ddinbych er mwyn cael cadw golwg ar yr adeiladu. Roedd Piozzi yn dioddef yn enbyd o'r gowt ond cafwyd meddyg yn Ninbych a allai liniaru ryw gymaint ar y boen. Ni allai Cecilia oddef y dref nes iddi syrthio mewn cariad ag ysgweier ifanc lleol o'r enw John Meredith Mostyn. Er ei bod hi'n eitha hoff o Mostyn ni allai Hester roi ei bendith ar yr uniad oherwydd materion teuluol ac aeth a Cecilia i Lundain o ffordd temtasiwn. Dilynodd Mostyn hi yno ac yn fuan iawn wedyn dihangodd y ddau i Gretna Green a phriodi yno. Roedd Queeney a'r lleill yn beio Hester wrth gwrs. Ni allai, medden nhw, ofalu amdani ei hun heb sôn am ofalu am neb arall. Yn ddiweddarach bu helynt arall oherwydd i Hester ymyrryd efo Cecilia a Mostyn ac fe'i beirniadwyd hi'n hallt unwaith eto gan y Miss Thrales.

Symudodd Hester a'i gŵr i Frynbella er eu bod nhw'n treulio peth amser yn Llundain a Chaerfaddon hefyd. Mabwysiadodd Hester fab i frawd ieuengaf Piozzi a'i alw'n John Salusbury Piozzi. Hwn a fyddai'r etifedd yn lle'r Harri a gollwyd. Adnewyddwyd Bachygraig a rhoddodd Hester garreg ar y mur i ddweud fod y lle wedi ei adnewyddu a'i harddu gan Gabriel Piozzi esq. yn y flwyddyn 1800. Bu'r blynyddoedd dilynol yn rhai eitha hapus ar y cyfan er bod gwaeledd Piozzi yn rheoli popeth. Priododd Queeney a Sophie a ganed tri mab i Cecilia. Bu Mostyn farw pan nad oedd hi ond deg ar hugain oed.

Gofalodd Hester yn gyson a thyner am ei gŵr pan fyddai'n sgrechian ac yn gweiddi mewn poen. Bu ei golli yn 1809 yn loes mawr iddi. Hiraethai am 'y cariad a wnaeth i ugain mlynedd yng nghwmni hyfryd Piozzi fynd heibio fel breuddwyd diwrnod'.

Wedi cyfnod o ddigalondid dwys ail gydiodd yn y bywyd cymdeithasol gan gredu, fel bob amser, mai dyna'r ffisig gorau at bob salwch. Daliodd ymlaen i ysgrifennu a cheir yn y gweithiau hyn brawf pendant o'i gallu a'i phersonoliaeth.

Cynhaliwyd parti yng Nghaerfaddon i ddathlu ei phenblwydd yn bedwar ugain oed. Daeth chwe chant ynghyd i'r parti. Bu Hester yn dawnsio hyd oriau'r bore a gallodd godi i'w brecwast am ddeg yn barod i wynebu diwrnod cynhyrfus arall. Roedd aelodau iau y teulu i gyd wedi cefnu arni a dechreuodd gymryd diddordeb mawr mewn actor ifanc o'r enw William Augustus Conway. Ofnai John Salusbury Piozzi (Syr erbyn hyn) y byddai i Conway ei ddisodli. Brysiodd at Hester ar unwaith a llwyddodd i gael gafael ar chwe mil o bunnau yr oedd â'i lygad arnyn nhw.

Bu Hester farw'n dawel a'i merched o'i chwmpas ac fe'i claddwyd hi yng nghladdgell eglwys Tremeirchion. Ond nid dyna'i diwedd. Roedd hi ei hun wedi proffwydo na fyddai'r dadlau a'r ffraeo yn ei chylch yn gorffen efo'i marw. Gwrthododd Syr John i amryw o'i gweithiau gael eu cyhoeddi ond fe ysgrifenwyd cryn lawer amdani drwy gydol y ganrif. Yn weddol ddiweddar er hynny y dechreuwyd ei hystyried fel un o wragedd mwyaf talentog byd llenyddol y ddeunawfed ganrif. Bu Susanna farw'n hen ferch a Sophia yn ddi-blant. Hen lanciau oedd tri mab Cecilia ac er i ferch Queeney briodi bu hithau farw'n ddi-etifedd. A dyna ddiwedd y teulu Thrale er i Hester druan gario deuddeg ohonyn nhw.

Beth bynnag ydy ein barn ni amdani mae'n sicir fod Hester Lynch yn un o'r merched mwyaf diddorol a fu byw erioed. Go brin i neb roi cymaint ohoni ei hun ar bapur a go brin i'r un ferch allu cynhyrfu cymaint ar wŷr amlwg ei dydd. Meddai Boswell amdani, cyn iddyn nhw ffraeo wrth gwrs—

'Mae eich gwrando chwi fel gwrando Doethineb a'ch gweld fel gweld Rhinwedd.'

Roedd hi'n un bwndel o wrthgyferbyniadau ac mor gyfnewidiol â'r tywydd ond gwnai ei chywreinrwydd byw a'i hynni mawr hi'n bersonoliaeth arbennig iawn. Roedd ganddi ddiddordeb ym mhopeth, yn arbennig mewn pobl ac yn eu hymwneud â'i gilydd. Yn ei sgwrs yr oedd ei chryfder hi. Galwodd Anna Seward ei sgwrsio hi yn 'win gloyw deall'. Mae'n siŵr iddi gael ei brifo sawl tro gan y dilorni a'r beirniadu hallt ond roedd hi wrth ei bodd yn cael sylw ac roedd hi fel petai'n ffynnu ar dreialon. Er ei bod hi yn ei helfen efo'i llyfrau ni allai fyw'n hir heb gael bod yn ganolbwynt cwmni diwylliedig. Ac er iddi gael ei tharo i lawr dro ar ôl tro fe gododd i'r wyneb wedyn fel bwi bach i dddawnsio'n orfoleddus yn bedwar ugain oed.

6. NANWS ACH RHOBERT (1747-1825)

Mae bwlch go eang rhwng enw rhwysgfawr brenhines y cylchoedd llenyddol ac enw gwerinol, cyffredin Nanws ach Rhobert. Ann Roberts oedd ei henw iawn hi, ond Nanws oedd hi i bawb. Rhobert, wrth gwrs, oedd enw ei thad.

Fe aned Nanws yn y Tŷ Mawr Bach, Yr Wybrnant, dan yr unto â'r Tŷ Mawr, cartref yr Esgob William Morgan. Fe'i ganed ef yn 1545, cyn dyddiau'r S.P.C.K. a Griffith Jones a Thomas Charles. Mae rhai'n dweud mai ym Mhlas Gwydir, cartref y Wynniaid, y cafodd William Morgan ei addysg. Dywed eraill i fynach ddod i'r Wybrnant, wedi ffoi oherwydd fod y brenin enwog hwnnw, Harri'r Wythfed, wedi rhoi gorchymyn i ddinistrio'r mynachlogydd ar ôl ffraeo efo'r Pab. Roedd y mynaich yn bobl ddysgedig, yn gallu darllen ac ysgrifennu, ac mae'n ddigon posibl i'r mynach, tra'n cuddio yn Yr Wybrnant, dreulio llawer o'i amser yn dysgu'r bachgen. Os felly, i'r mynach di-enw yr â'r clod am baratoi William Morgan ar gyfer Coleg Ieuan Sant, Caergrawnt. Wedi iddo ennill rhagor o wybodaeth, yn arbennig yn yr Hebraeg, aeth ati yn 1578, pan oedd yn offeiriad yn Llanfyllin a Llanrhaeadr ym Mochnant, i gyfieithu'r Beibl i'r Gymraeg. Fe'i cyhoeddwyd dan yr enw 'Y Beibl Cysegrlan' yn 1588. Roedd William Salesbury wedi cyfieithu'r Testament Newydd ugain mlynedd ynghynt, ond hwn oedd y Beibl Cymraeg cyntaf. Mae hanes y cyfieithu yn helyntus ac yn ddiddorol dros ben.

Mae'n amhosibl sôn am Hanes a Llenyddiaeth Cymru heb roi lle amlwg i'r Esgob William Morgan, ond go brin y clywir neb yn sôn am Nanws ach Rhobert. Roedd yr Esgob wedi ei gladdu ymron i ganrif a hanner cyn ei geni hi, ond roedd y ffaith iddo gael ei eni yn y Tŷ Mawr, dan yr unto â'i chartref hi, yn siŵr o fod wedi cael effaith ryfedd arni.

Dyn anllythrennog oedd ei thad, ond roedd ei mam wedi dysgu darllen efo Angharad James o Gwm Penamnen. Roedd Angharad yn wraig arbennig iawn ac mae hi'n haeddu pennod iddi ei hun. Dywedir ei bod hi'n hyddysg mewn amryw o ieithoedd; yn delynores; yn fardd, ac yn awdur anterliwtiau. Mae sôn iddi ysgrifennu llyfr a elwid yn *Llyfr Coch Angharad* ond yn anffodus aeth hwnnw ar goll.

Pan aned Nanws, cafodd y teulu Feibl yn anrheg gan deulu cyfoethog o Ddolwyddelan. Gan mai dim ond rhyw dri neu bedwar o bobl o fewn y plwyfi i gyd a allai ddarllen, roedd mam Nanws yn awyddus iawn i'w dysgu. Ond fel roedd yr eneth yn tyfu, teimlai ei mam y dylai gael mynd i'r ysgol a symudodd y teulu i'r Crafnant, uwchben Trefriw, lle roedd un o ysgolion Griffith Jones. Roedd gan Siân, mam Nanws, feddwl uchel o Drefriw am fod yno lawer o deuluoedd crefyddol. Byddai pobl yn gwawdio'r rhain ac yn eu galw'n 'bennau crynion Crafnant'. Deuai Hywel Harris, un o arweinwyr y Diwygiad Methodistaidd yng Nghymru, ar ei dro i Drefriw, i bregethu. Yn Nhrefeca, yn Ne Cymru, roedd gan Hywel Harris 'deulu' mawr. Er nad oedd y mwyafrif yn perthyn yr un dafn o waed i'w gilydd fe'u galwyd nhw'n 'deulu' am eu bod nhw'n byw efo'i gilydd, ar wahân i bawb arall. Pobl grefyddol oedden nhw, wedi clywed Harris yn pregethu ac wedi ei ddilyn i Drefeca.

Fe wyddai Siân am hyn ac roedd hi am iddyn nhw, fel teulu, symud i Drefeca i fod yn rhan o 'deulu' mawr Hywel Harris. Ond nid oedd Rhobert yn fodlon cysidro'r peth. Yn wir, roedd o o'i go'n ulw. Ond gan fod ysgol Trefriw wedi ei chau, ar ôl ffrae egar rhwng yr offeiriad a Morys Ifan yr athro, roedd Siân yn benderfynol o gael ei ffordd. Cafodd Rhobert orchymyn i symud o'r bwthyn yng Nghrafnant oherwydd fod y goruchwyliwr tir, a oedd yn casáu'r

Methodistiaid, wedi clywed am Siân a'i diddordeb yn Hywel Harris a'i grefydd. Gan eu bod nhw heb gartref roedd yn rhaid iddyn nhw symud i rywle a gallodd Siân berswadio Rhobert i gychwyn efo nhw am Drefeca.

Fe gawsant siwrnai hir a thrafferthus; cerdded bob cam a cholli'r ffordd yn aml, nes dod o'r diwedd i Drefeca. Byr iawn fu arhosiad Rhobert yno. Ni allai oddef y lle na'r 'hen Hywel y trwyn' fel y galwai Harris. Aeth oddi yno dan regi a rhwygo a dweud y byddai'n llawer hapusach yn dal ysgyfarnogod efo rhwydi nag yn gwrando ar Harris yn clegar. Ar ôl bod yn Nhrefeca am ychydig fisoedd gallai Nanws ddarllen yn dda ac roedd hi wedi dysgu Catecism Griffith Jones, Llanddowror ar ei chof. Hwn oedd eu gwerslyfr nhw, yn cynnwys y Wyddor a rhesi o eiriau byrion y gellid eu torri allan a'u gludio ar ddarn o bren er mwyn gwneud y dysgu'n haws.

Bu beirniadu hallt ar Hywel Harris oherwydd iddo adael ei bregethu teithiol a'i gau ei hun efo'i 'deulu' yn Nhrefeca. Roedd Williams Pantycelyn yn gofidio fod Harris yn gwastraffu ei ddawn ar gyfran fechan o bobl yn hytrach nag efengylu ar led. Holai—

> 'Pam y treuliaist dy holl ddyddiau
>   I wneud rhyw fynachlog fawr,
> Pan y tynnai Harri frenin
>   Fwy na mil o'r rhain i lawr?
> Diau buasit hwy dy ddyddiau,
>   A melusach fuasai 'nghân,
> Pe treuliasit dy holl amser
>   Yng nghwmpeini'r defaid mân.'

Ymhen blwyddyn bu Siân farw. Daeth Rhobert i wybod am hyn ac aeth i Drefeca i nôl Nanws. Cytunodd hithau i fynd adref efo fo, i fyw efo'i nain yn Nolwyddelan. Ym mwthyn y Cae Du efo'i nain y bu Nanws am flynyddoedd.

Roedd ei bywyd hi'n wahanol iawn i'r hyn oedd o yn Nhrefeca. Dynes galed oedd ei nain, heb unrhyw ddiddordeb mewn crefydd. Pan ddeuai'r offeiriad i Ddolwyddelan, y rhan amlaf i briodi neu gladdu, roedd o bob amser, yn ôl yr hanes, yn rhy feddw i allu darllen y gwasanaeth. Mae sôn amdano'n cael aml i godwm i fedd agored wrth gladdu pobl ac yn gorfod cael ei lwytho ar ei geffyl wedi iddo dreulio oriau yn nhafarn y Llan.

Yn raddol, anghofiodd Nanws am Drefeca ac am gyngor Hywel Harris er iddi lynu wrth yr addysg a gafodd yno, ac aeth i ganlyn yr anterliwtiau a'r nosweithiau llawen, y gwyliau Mabsant a'r ffeiriau.

Roedd hi'n un o ffyddloniaid y 'talwrn' yn Nolwyddelan. Yno y byddai'r ymladdfa geiliogod. Byddai'r perchennog yn paratoi'r ceiliog wythnos ymlaen llaw drwy dorri plu ei adenydd a'i gynffon. Byddent yn torri'r grib a'r dagell efo siswrn wedi'i boethi, er mwyn serio'r briw, ac yna'n gosod arf dur neu arian yn lle'r crafanc naturiol ar goes y ceiliog. Byddai'r ceiliogod yn ymarfer fesul pâr ond byddai gorchudd lledr dros yr arf rhag iddyn nhw niweidio'i gilydd. Ar y diwrnod mawr, wrth gwrs, fe dynnid y gorchudd a byddai'r talwrn yn byllau o waed cyn i un ceiliog lwyddo i ladd y llall. Tyrrai pobl i'r talwrn i weld yr ymladd a byddai yno gryn lawer o ennill a cholli arian wrth fetio ar y ceiliogod.

Yr eglwys oedd papur newydd a theledu'r bobl. Yno, ar y Suliau, y caent wybod ym'hle yr oedd ffair neu ymladdfa ceiliogod yn ystod yr wythnos. Un Sul, cyhoeddodd yr offeiriad y byddai angladd hen ŵr Yr Wybrnant yn ystod yr wythnos oedd i ddilyn. Roedd sôn y byddai un o ddynion Hywel Harris yno, meddai, a chynghorodd bawb i fynd adref ar eu hunion cyn y bregeth.

Arhosodd Nanws. Wedi'r claddu, rhoddodd y gŵr dieithr emyn allan i'w ganu—pennill tebyg i hwn, efallai—

'Hen anghrediniaeth ddaeth ataf fel cawr,
  Â phastwn o lygredd fe'm curodd i'r llawr;
Ag arfau da riol a chleddyf dan gamp
  Er imi gael codwm, fe godais yn glamp.'

Yna pregethodd, gan ddweud y drefn yn arw am y nosweithiau llawen a'r anterliwtiau a bygwth y byddai'n o ddrwg ar ei wrandawyr yn nydd y farn. Wrth iddi wrando daeth y cof am Drefeca yn glir i Nanws ac arhosodd ar ôl yn y fynwent i gael gair efo'r pregethwr. Roedd Hywel Harris, meddai, wedi marw ond roedd o a llawer o ddynion cyffredin eraill yn ceisio cario'r gwaith ymlaen.

Yn fuan wedyn, bu Nanws yn gwrando ar ŵr o Lanberis yn pregethu. Cafodd gymaint o argraff arni nes peri iddi gerdded i Lanberis bob Sul am flynyddoedd, pellter o ddeng milltir dros y mynyddoedd, i wrando arno'n pregethu. Âi a diod o laeth enwyn a thamaid o fara haidd du a bara ceirch efo hi i'w bwyta ar y daith a cherddai yn droednoeth drwy gorsydd a siglenni ar bob math o dywydd.

Ymhen amser, cafodd gwmni i fynd efo hi i Lanberis ac fe chwyddodd y nifer yn ddigon i allu cynnal eu cyfarfodydd eu hunain yn Nolwyddelan a chael un o'r 'Pengryniaid' (Y Methodistiaid) a fyddai'n teithio o gwmpas y wlad, yno i bregethu. Teimlai Nanws y dylen nhw gael adeilad i gyfarfod ynddo yn hytrach na mynd i dai ei gilydd. Ond roedd angen arian at beth felly, a phrin yr oedden nhw'n gallu cael dau ben llinyn ynghyd. Ond un benderfynol oedd Nanws, fel ei mam o'i blaen. Gallodd berswadio Pyrs Potes Dime (wedi ei alw felly am ei fod o'n arfer prynu gwerth dimai o botes yn ffair Llanrwst) i roi coed iddi ar goel.

Cydiodd brwdfrydedd Nanws yn y lleill a dechreuwyd adeiladu capel ar ynys fach yn Aberdeunant, ar gyffordd Afon Feinw ac Afon Bwlch y Groes. Roedd yr adeilad tua naw llath o hyd a saith o led a'i lawr o bridd. Byddent yn taenu haen o frwyn drosto yn y gaeaf. Fe wnaed y pulpud allan o foncyff coeden. Byddai'n rhaid iddyn nhw gario'r coed ar eu cefnau am ddwy filltir; y dynion yn cario'r trawstiau a Nanws ei hun yn cario'r darnau llai.

Aeth Nanws ati i hel stoc dda o redyn, ei sychu, a'i losgi'n lludw er mwyn ei werthu yn Nhrefriw ar gyfer gwneud sebon. Cafodd naw punt amdano. Aeth ar ei hunion i dalu am y coed a chael dwybunt o newid allan o'r dair oedd arni. Ymhen blwyddyn a hanner roedd y capel yn barod a'r gost o un bunt ar ddeg wedi ei chlirio. Agorwyd 'Capel yr Ynys' neu 'Gapel Nanws' ar ddydd Nadolig 1783 a chafwyd cyfarfod pregethu i ddathlu'r amgylchiad. Hwn oedd y capel 'Methodus' cyntaf yn Nolwyddelan ac roedd yno bedwar ugain o aelodau.

Cerddai Nanws y ddwy filltir i'r capel bob Sul, yn droednoeth ar dywydd braf, yn ei chlocsiau ar dywydd caled. Âi i Faentwrog i gyfarfod gweddi ac i'r Bala i gwrdd Eglwysig—cerdded yno ac yn ôl, bob cam. Gwnaeth i'r bobl dynnu'r talwrn i lawr a gwneud yr hyn a alwai hi'n 'bastai' efo'r sbwriel, i'w daenu ar wyneb y ddaear er mwyn ffrwythloni'r tir. Roedd angen caib a rhaw, meddai, i dynnu ôl pechod oddi ar y byd. Pan ddaeth haint y pla gwyn i'r ardal, a phlant a phobl yn marw o'r afiechyd, byddent yn galw ar Nanws i'r tai i weddïo efo'r teulu ac i ofyn i Dduw atal y pla.

Byddai'n cerdded milltiroedd i gynnal cyfarfodydd gweddi ac i helpu eraill i adeiladu capeli yn y plwyfi o gwmpas. Unwaith, mewn seiat yn Ysbyty Ifan, pan glywodd fod John Jones, Hafod Ifan, dyn mawr a pharod ei ddyrnau, wedi aros ar ôl, gwaeddodd Nanws—

'Diolch iti, Arglwydd, am achub y Goleiath hwn yn lle ei ladd.'

Dro arall, roedd hi a Neli Rhisiart, Rhiw Goch Bach—un o'r Annibynwyr —yn cymryd rhan mewn cyfarfod gweddi. Meddai Neli Rhisiart wrth weddïo—

'Tafl fy mhechodau y tu ôl i'm cefn.'

Ond aeth Nanws gam ymhellach yn ei gweddi hi, ac ychwanegu—

'Tafl fy mhechodau, nid y tu ôl i'm cefn cul i, ond y tu ôl i'th gefn llydan Di Dy Hun.'

Roedd y meistr tir unwaith wedi trefnu cinio mawr i'w denantiaid yn y dafarn yn Nolwyddelan. Gofynnwyd i Ieuan Glan Geirionydd gyfansoddi cân ar gyfer y cinio a dod yno i'w chanu. Pan oedd ar ei ffordd yno cyfarfu â Nanws a holodd hithau ei hynt a'i helynt. Eglurodd yr Ieuan ifanc, yn llawn gorchest, beth oedd ei neges yn Nolwyddelan ac meddai Nanws—

''Does dim gwell i foddhau'r cythral na chanu mawl i ddyn mewn tŷ tafarn.'

Aeth y cinio rhagddo y diwrnod hwnnw heb Ieuan a'i gân.

Mae sôn i un pregethwr mewn cyfarfod arbennig yn Llanrwst ddweud y drefn am fod Nanws yn siarad yn gyhoeddus mewn seiat a chyfarfod misol. Gorchymyn Paul, meddai, oedd—'Tawed y merched yn yr eglwysi.' Ond siaradodd eraill, a Thomas Charles o'r Bala yn eu mysg, o blaid Nanws gan ddweud na fyddai capeli yn Nolwyddelan na Chapel Curig na Betws y Coed na Phenmachno oni bai amdani hi.

Aeth Nanws ymlaen i siarad yn gyhoeddus am flynyddoedd wedyn ac i wneud popeth o fewn ei gallu dros grefydd. Dywedir ei bod hi a Thomas Charles o'r Bala yn gyfeillion mawr. Bu farw ar y trydydd ar hugain o Fawrth, 1825, ond ni roddwyd dim i nodi ei bedd nes i Gethin Jones, Penmachno, ddod i Ddolwyddelan tua 1877 i sôn am ei bywyd a'i gwaith a chymell y bobl i ddefnyddio'r elw a gafwyd i brynu carreg fedd. Mae'r garreg ym mynwent yr hen eglwys heddiw, ond ni ellir bod yn hollol siŵr ym'hle'n union y mae bedd Nanws. Cyfansoddodd Gethin englyn i'w roi ar y garreg—

'Gwirfoddol, drwy grefydda—eneiniwyd
    Nanws yn Nhrefeca;
  Min ei dawn oedd, amen dda,
  Ar grechwen, i'r Gorucha.'

'Does dim dwywaith na chafodd y flwyddyn yn Nhrefeca efo teulu Hywel Harris effaith ar Nanws er nad oedd hi ond naw oed. Ond rhaid inni fynd ymhellach yn ôl na hynny hyd yn oed, i'r Tŷ Mawr Bach, am y pared â'r Tŷ Mawr, Yr Wybrnant, lle bu mynach ar encil unwaith yn dysgu bachgen i ddarllen a'i baratoi ar gyfer gwaith mawr ei fywyd. Ac wrth gofio am yr Esgob William Morgan fe ddylen ni'n sicir gofio am Nanws a fu'n elwa cymaint ar lafur yr Esgob ac yn cario'r gwaith ymlaen yn ei ffordd syml ei hun.

Mae Capel yr Ynys i'w weld yn Nolwyddelan o hyd. Tŷ annedd ydy o erbyn hyn, ac mae'n anodd iawn ei ddychmygu fel yr oedd yn nyddiau Nanws. Ond i fyny yn heddwch Cwm Penamnen peth cymharol hawdd ydy dychmygu llawenydd Nanws ach Rhobert wrth iddi frasgamu dros y llethrau a naw punt y llwch rhedyn yn dyn yn ei dwrn.

7.   CATRIN RONDOL (17??-1830)

Pan oedd Nanws wrthi'n seiadu yn Nolwyddelan roedd
Catrin Rondol o Fôn yn dilyn pregethwyr o un cwr o'r ynys
i'r llall. Catherine Randles oedd ei henw parchus hi, ac
mae'n debyg mai llygriad o'r Randles ydy'r Rondol. P'run
bynnag am hynny, fel Catrin Rondol y cyfeirir ati yn *Hanes
Methodistiaeth Cymru* (a gyhoeddwyd yn 1851). Sonnir
amdani fel—'Benyw dda a duwiol, a thra adnabyddus yn yr
holl wlad.'

Hen ferch dlawd oedd hi, yn byw mewn bwthyn bach ar
lethr Mynydd Parys ym mhlwyf Amlwch ym Môn. 'Doedd
hwnnw mo'r lle hyfrytaf i fyw ynddo gan fod gwenwyn y
llwch copr a'r mwg brwmstan o'r gweithfeydd yn lladd pob
tyfiant am filltiroedd o gwmpas. Yn 1796 soniai Dafydd
Ddu Eryri yn ddirmygus iawn am Fynydd Parys—

> 'Y mynydd, ni ddymunwn—i'w oror
>   Aros braidd un dwthwn;
>   Fe ddygodd cafn, hirsafn hwn
>   Berthynas i Borth Annwn.
>
> Crinlle crynllyd, cryglyd, cas—ail ydyw
>   I lidiog ffwrn adgas;
>   Beth ond tân, a brwmstan bras
>   Sy heddyw'n rhostio Suddas.'

Fel hyn y disgrifiodd Owen Griffith, Pensarn, y lle—
'Am allanolion y lle yn gyffredinol, gellir dweud gyda
graddau helaeth o briodoldeb fod yr holl fynydd-dir mor

frychddu, croenllwm, moelolwg â mingefn morgrwban. Yn wir, y mae mor ddiffaeth yr olwg fel na faidd tywysogion y diffaethwch ei hunan, sef drain a mieri, anturio arno. Priodolir yr hacrwch hwn i effeithiau mwg sylphur o'r tomennau mŵn llosgedig fyddai yn britho a difwyno arwynebedd y lle flynyddoedd yn ôl.'

Ond yno, ymysg eraill, y gwnai Catrin ei chartref. Ceir yng nghyfrol Owen Griffith—*Mynydd Parys*—ddarlun o'r bwthyn, 'y murddyn fu'n 'casing' am y fath berl'. Haera ef yr erys enw Catrin yn fyw 'tra y bydd sôn am Fethodistiaeth yn y wlad'.

Un go afradlon oedd hi pan oedd yn ifanc ond cafodd droedigaeth, rywdro o gwmpas 1784 mae'n debyg. John Jones, Edern, neu Jac y Barbwr i bobl Amlwch, a fu'n gyfrifol am droedigaeth Catrin. Dafad ddu wedi crwydro o Sir Gaernarfon i Fôn oedd Jac. Un diwrnod pan oedd Catrin ar y stryd yn Amlwch, dechreuodd un o laslanciau'r lle ei gwatwar a'i gwawdio. 'Taw, y coblyn drwg,' meddai Catrin, mewn llais uchel, bygythiol, 'rwyt ti'n waeth na Jac y Barbwr.' Clywodd Jac y geiriau a chafodd y fath sioc o glywed Catrin annuwiol, gableddus yn ei enwi ef fel y mwyaf llygredig o'r bechgyn nes iddo droi at grefydd a dechrau pregethu. Syndod i Gatrin oedd clywed fod Jac y Barbwr wedi cael troedigaeth ac aeth i wrando arno'n pregethu gan fwriadu cael peth wmbredd o sbort ar ei gorn. Ond ni ddaeth cyfle i hynny. Oherwydd wrth wrando pregeth y Jac newydd cafodd Catrin droedigaeth a oedd, yn ôl un hanesydd, 'mor hynod â throedigaeth Saul o Darsus'. Yn ôl y Bywgraffiadur, adeg ymweliad Dafydd Morris o'r De â Môn yr argyhoeddwyd Jac a'i barchuso'n John Jones. Ond tybed nad geiriau difrïol Catrin Rondol fu'r ysgogiad mwyaf?

Pan edliwiodd rhywun iddi, wedi ei throedigaeth, mai hen butain oedd hi, meddai Catrin—'Ie, 'ngwas gwirion i, reit wir, ond putain wedi ei golchi, hen Fair Magdalen wedi ei glanhau, ac erbyn hyn, clod i'w ras, mae môr o anghof anfeidrol rhwng fy meiau a dod byth i'r golwg.'

'Doedd sêl enwadol yn golygu dim i Gatrin. Er mai efo'r Methodistiaid yr oedd hi'n aelod, a'r Bedyddwyr, yn ôl pob sôn, wedi ei gwrthod hi, roedd hi wedi gwirioni ar Christmas Evans ac yn ei ddilyn i bobman. Bedyddiwr oedd Christmas Evans, wrth gwrs, ac un o bregethwyr enwocaf Cymru. Ar ddydd Nadolig 1791 daeth ar gefn ei geffyl o Lŷn i Fôn i gymryd gofal o achos Bedyddwyr yr ynys. Am wyth mlynedd bu 'Esgob Môn', fel yr hoffai feddwl amdano'i hun, yn gweithio'n ddygn i gryfhau'r achos. Cyfuniad o'r dramodydd a'r actor oedd Christmas Evans a phob pregeth o'i eiddo yn ddrama ynddi ei hun. Dywedai pobl Môn fod graen arbennig ar oedfa pan fyddai ef yn y pulpud a Chatrin Rondol ymysg y gwrandawyr. Ond nid eistedd a gwrando'n unig a wnai Catrin. Roedd pob Amen a Haleliwia yn rhan hanfodol o'r ddrama.

Cafodd ei cheryddu gan rai o'r blaenoriaid am feiddio ymweld â chapeli enwadau eraill a chodi ei llais ynddyn nhw, ond meddai Catrin—

'Nid capel y Baptist yw y peth; peidiant hwy â sôn am fy Nghrist annwyl i, mi dawaf i wedyn yn union.'

Go brin y byddai ganddi fawr o amynedd â helyntion uno enwadau ein dyddiau ni. Mynd lle roedd ei Christ a wnai Catrin.

Er iddi gael rhyw dro rhyfedd wrth wrando ar Jac y Barbwr roedd hen ysbryd gwrthryfela wedi ei blannu'n ddwfn ynddi ac ni chymrai mo'i thaflu gan neb.

Bu'n gweithio am sbel yng nghartref John Elias—yn gofalu am y plant. Un diwrnod, digwyddodd John Elias glywed Catrin yn canu i'r plant—hwiangerddi digon diniwed mae'n debyg, ond yn ddigon i gythruddo'r piwritan ynddo. 'Doedd John Elias ddim yn un i'w wrthwynebu ar chwarae bach. Byddai'r llais cryf a'r llygaid llymion yn ddigon i godi arswyd ar y mwyaf anystyriol. Ond pan aeth at

Gatrin a'i beirniadu hi'n chwyrn am ganu gwagedd yn ei dŷ y cyfan ddywedodd Catrin oedd—

'Wyt ti'n meddwl yr âf i i gymeryd hymnau mawl i chwareu gyda dy blant di? Na, John bach, y mae mawl fy Arglwydd yn fwy pwysig gen i na hynny.'

Pwy ond Catrin Rondol fyddai'n meiddio cyfarch 'Y Pâb o 'Fôn' fel 'John bach'?

Meddai Dr Johnson wrth ei gydymaith Boswell yn 1763, pan ddywedodd hwnnw iddo glywed merch yn pregethu yng nghapel y Crynwyr—

'Syr, mae merch yn pregethu fel ci yn cerdded ar ei draed ôl. Nid yw yn cael ei wneud yn dda, ond yr ydych yn synnu ei fod yn cael ei wneud o gwbwl. Y mae ein syndod yn fwy pan welom wragedd crefyddol yn meiddio esgyn i'r areithfa, oblegid y maent yn gweithredu mewn heriad eglur i orchymyn yr Ysbryd Glân a ysgrifennwyd gan yr Apostol Paul.'

Y gorchymyn hwnnw, wrth gwrs, oedd yr un a ddefnyddiwyd yn Llanrwst wrth geryddu Nanws—'Tawed eich merched yn yr eglwysi.' Roedd lle i'r ferch ar lwyfan y theatr—profwyd hynny gan lwyddiant Sarah Siddons a sawl un arall o'i blaen. Ond mewn capel ac eglwys 'doedden nhw'n ddim ond rhan o'r dodrefn, a'r un mor fud.

Ni fentrodd Catrin cyn belled â Nanws ac nid oes sôn iddi gymryd rhan yn gyhoeddus, ond roedd hi'n bell o fod yn fud. Roedd hi unwaith mewn oedfa yng nghyffiniau Amlwch. Wedi mynd yno i wrando Christmas Evans yr oedd hi ond fe'i dilynwyd o gan Hugh Williams, Bodwi, pregethwr digon tila yn ôl y sôn. Roedd Catrin wedi diflasu ers meitin ac wedi suddo i'w sedd yn ddigon di-hwyl. Yna, daeth fflach sydyn i Hugh Williams a barodd i Catrin neidio ar ei thraed a gweiddi dros y lle—

'Arglwydd mawr, yr wyt ti yn un rhyfedd, yn wir yr wyt ti yn rhyfedd; medri di ddyfod atom gyda yr hen Hugh Bodwi, neu rywun.'

Gwnaeth un pregethwr o'r De argraff ddofn arni ac roedd hi'n awyddus iddo ddychwelyd i Fôn. Rhwng difri a chwarae, addawodd yntau y deuai pan âi Catrin i'w nôl. Cymerodd Catrin ef ar ei air ac yn fuan wedyn cerddodd yr holl ffordd i'w gartref yn y De.

Bu helynt fawr yn Llanfwrog yn ystod 1798. Roedd ysgol yn cael ei chynnal yn yr eglwys, gyda chaniatâd caredig yr offeiriad, i ddysgu'r plant allan o lyfr Griffith Jones. Deuai'r rhai hŷn yno i wrando hefyd. Un noson cafodd bachgen ieuanc y fath ddylanwad ar y gwrandawyr nes iddyn nhw dorri allan i ganu. Dyblwyd a threblwyd y gân. Pan oedd pethau ar eu huchelfannau daeth Catrin Rondol i mewn. Cydiodd y brwdfrydedd ynddi ar unwaith a dringodd i ben mainc i ddangos ei gorfoledd. Yn anffodus, roedd coesau honno'n simsan a syrthiodd Catrin a'r fainc nes peri cynnwrf mawr. Aeth rhywun i achwyn wrth y person fod anhrefn dychrynllyd yn y lle—dynion yn gweddïo heb lyfr ac yn ail-adrodd y geiriau wrth ganu—a rhoddwyd terfyn ar yr ysgol rhag blaen.

Un noson yn y capel mynnai un o'i chydnabod aflonyddu ar Gatrin drwy sibrwd fod y surdoes a adawsai gartref wedi torri dros y badell. Ceisiodd Catrin ei anwybyddu ond dal ati a wnai. O'r diwedd, gwylltiodd Catrin a gwaeddodd dros y capel—

'Gâd lonydd, y cythraul. Onid fy nhoes i ydy o? Be waeth i ti b'le mae o'n mynd?'

Roedd hi'n credu mewn dweud ei meddwl heb flewyn ar ei thafod. Roedd hi unwaith yn gwrando ar Ebenezer Richards, Tregaron, yn pregethu ym Môn. Ei destun oedd—'Gwaed Iesu Crist ei fab ef sydd yn ein glanhau ni oddi wrth bob pechod'.

Ar ganol ei bregeth dywedodd Ebenezer Richards yr hoffai sôn llawer mwy am rin y gwaed gwerthfawr ond fod arno ofn nad oedd yno neb yn awyddus am gael ei lanhau. Gwaeddodd Catrin o ganol y gynulleidfa—

'Oes oes, oes oes, tyr'd â hi allan.'

Ond 'doedd ebychiadau felly ddim yn plesio'r mwyafrif o'i chyd-grefyddwyr a byddai Catrin druan ar y carped byth a hefyd. Roedd yn y capel wraig gyfoethog ddigon afradlon ond roedd y blaenoriaid yn gyndyn o'i galw hi i gyfri. Mae'n debyg fod yn dda iddyn nhw wrth ei harian hi. Ond un tro, pan oedd Catrin 'o flaen ei gwell' yn y cyfarfod eglwysig, meddai hi ar goedd—

'Diolch mai nid Mrs W (gan enwi'r wraig gyfoethog) ydw i. Fe gaiff hi fyw fel y mynno, ond diolch i Dduw, fe gaiff Cadi Rondol ei thrin am ei bai; fe gaiff hi ei cheryddu am ei phechod. Diolch i'r Arglwydd mai Cadi Rondol ydw i.'

Roedd Catrin yn byw ar drin plu. Byddai'n casglu plu o bob llun a lliw ac yn eu defnyddio nhw, mae'n debyg, i lenwi matresi a gobenyddiau. Roedd hyn yn rhoi mynediad iddi i dai'r byddigions a gwnai'n fawr o'r cyfle i ddylanwadu ar rai ynadon i'w cael i ymddwyn yn fwy caredig tuag at weinidogion. Gallodd hefyd ddylanwadu arnyn nhw i roi trwyddedau i dai fel y gellid cynnal cyfarfodydd crefyddol ynddyn nhw. Mae'n sicir iddi, yn ei dull dihafal ei hun, fod yn foddion i ennill trwydded bregethu i sawl un o 'wŷr mawr Môn'.

Âi'n aml i'r Vudrol, hen blasty yn agos i'w chartref. Pan ofynnodd Mr Webster, y perchennog, iddi unwaith a fyddai'n gweddïo drosto weithiau dywedodd hithau ei bod hi'n ceisio gwneud hynny'n aml iawn ond na châi ei gwrando. 'Sut rwyt ti'n gwybod hynny?' holodd y boneddwr. Ac meddai Catrin—

'Gwbod wir, be sy haws? Daswn i wedi cael gwrandawiad nid dyma'r drefn fasa arnoch chi—mi fasach wedi altro rywfaint bellach. Basach, mi fasach yn altro i ryw radda mor sydyn â chletsian chwip.'

Unwaith, mynnodd Mr Webster iddi fynd i'r ystafell fwyta i weld bwrdd wedi ei hulio'n barod ar gyfer ymwelwyr. Disgwyliai i'r Gatrin dlawd ryfeddu'n arw uwchben y fath ysblander ond dywedodd hi iddi weld ei amgenach fil o weithiau. Roedd hi'n gynefin, meddai, â gweld bwrdd yr Arglwydd wedi ei hulio. Ychwanegodd—

'Fe gaf, rwy'n hyderu yn fawr, eistedd wrtho eto hefo Abram, Isaac a Jacob a'm Hannwyl Iesu Grist.'

Addawodd Mr Webster y byddai'n gofalu, os âi o'i flaen, y cai ei chladdu'n deidi a phopeth mewn steil. Ond sicrhaodd Catrin ef na fyddai arni angen hers na dim arall i'w chario.

'Mae gen i ddigon o frodyr i 'nghario i bob cam,' meddai. 'Rydw i'n un o deulu mawr wyddoch chi.'

Roedd Mr Webster mewn cryn benbleth. Hyd y gwyddai ef, roedd Catrin yn hollol amddifad.

Os oedd Christmas Evans yn croesawu ei hymyrraeth hi â'i oedfa, roedd ei brwdfrydedd yn peri peth gofid i rai pregethwyr. Roedd dau ohonyn nhw yn crwydro Môn ar un cyfnod a Chatrin yn eu dilyn yn gyson o un capel i'r llall. Darfu stoc pregethau yr ieuengaf yn bur fuan a bu'n rhaid iddo ail-adrodd. Ofnai yn ei galon y byddai Catrin yn ei gyhuddo ar goedd o bregethu'r un bregeth ddwywaith. Toc roedd yr hynaf yn yr un twll, ond drwy drugaredd roedden nhw wedi dod i ben eu taith ym Môn ac yn barod i groesi i Arfon.

Roedd hynny cyn dyddiau'r bont 'uchelgaer uwch y weilgi', pan oedd y fferi yn cysylltu Môn ac Arfon. Roedd y ddau bregethwr yn aros am y cwch mawr i groesi i Fangor pan feddyliodd un ohonyn nhw, yn sydyn reit, beth petai Catrin Rondol yn cymryd i'w phen eu dilyn nhw dros y Fenai. 'Doedd dim i'w wneud ond iddyn nhw roi disgrifiad manwl ohoni i ddynion y cwch a'u siarsio nhw i'w chadw ar lannau Môn. Costiodd y siars swllt iddyn nhw. Yn fuan wedi iddyn nhw adael daeth Catrin yno ar ei hyll a mynnu ei bod hi am groesi'r Fenai. Bu'r dynion yn dadlau â hi ac yn cynnig pob math o esgusodion ond roedd cael y gorau ar

Gatrin fel taro pen yn erbyn wal. Bygythiodd y byddai'n rhoi cyfri amdanyn nhw i'r ynad.

'Heblaw hynny,' meddai, 'y mae yn rhaid imi fyned; y mae fy mhethau i gyda hwy.'

'Doedd dim dewis wedyn ond gadael iddi groesi. Wedi'r cyfan, allen nhw mo'i rhwystro hi rhag cael ei heiddo.

Pan ddaeth y ddau bregethwr i mewn i'r capel ym Mangor pwy oedd yn gwenu arnyn nhw o'r gynulleidfa ond Catrin Rondol, wedi ei setlo ei hun i wrando'r pregethau, hen neu newydd. Agorodd un ohonyn nhw'r Beibl a darllen—

'Gwir yw y gair, ac yn haeddu pob derbyniad, ddyfod Iesu Grist i'r byd i gadw pechaduriaid.'

Y munud nesaf clywyd llais Catrin yn atseinio drwy'r capel—

'Diolch byth, dyma fi wedi cael fy mhethau.'

Ychydig cyn ei marw roedd hi a Siôn Huws, ei chyfaill, yn dychwel o gapel Lletroed i gartref Siôn er mwyn cael lluniaeth rhwng y cyfarfodydd. Ac er bod Catrin yn symud ar bwys ei ffon nid oedd ball ar ei thafod hi. Trafod y bregeth yr oedden nhw yn ôl eu harfer a Siôn Huws braidd yn ddirmygus o Pedr am iddo awgrymu gwneud pebyll ar Fynydd y Gweddnewidiad. 'Wedi ffwndro'n lân loew' yr oedd, meddai. Ond roedd Catrin am gadw ar y disgybl byrbwyll yr oedd hi mor debyg iddo o ran natur, ac meddai—

'Beth bynnag am ei drwstaneiddiwch, hen garictor nobl oedd Pedr.'

Pan glywodd John Elias nad oedd wella i Gatrin, ei hen forwyn, aeth i'w gweld i'w bwthyn ar lethr Mynydd Parys.

'Cadi bach,' meddai, 'dyma lle yr ydych yn y diwedd, eich hunan.'

Ond sicrhaodd Catrin ef fod ganddi gwmni yn wastad a'i bod yn gysurus iawn.

Rhoddodd Catrin anrheg i wraig y Trysglwyn Fawr am

edrych ar ei hôl—'hen gostrel ddu, hirdal, ysgwyddog'. Bu honno'n addurno'r bwthyn ac roedd Catrin, mae'n amlwg, yn ei thrysori. Cadwyd y gostrel gan Mrs Hughes a'i theulu fel crair, yn goffa am Cadi Rondol.

Daeth tyrfa fawr i'w chladdu hi ac wrth iddo edrych drwy ffenestr ei gartref ar yr angladd yn mynd heibio deallodd Mr Webster o'r diwedd beth a olygai Catrin wrth sôn am ei 'theulu mawr'. Dywed rhai i'r costau gael eu talu gan ŵr cyfoethog o gyffiniau Amlwch. Os oes gwir yn hynny tybed nad Mr Webster oedd y gŵr hwnnw, wedi mynnu talu iawndal am y gweddïau ofer?

Mae enwau John Elias a Christmas Evans a sawl pregeth-wr arall wedi'u serio ar ein cof ni ond un o'r hen enwau angofiedig ydy Catrin Rondol. Pwy oedd hi wedi'r cyfan? Dim ond rhyw hen ferch dlawd o Fôn a oedd wedi colli'i phen ar grefydd. Beth wnaeth hi? Dim ond bod yn niwsans i ambell bregethwr ac yn symbyliad i un arall. Dichon fod yna sawl Catrin Rondol a sawl Nanws ach Rhobert ar hyd a llêd Cymru ganrif a hanner yn ôl—merched a geryddwyd dro ar ôl tro am feiddio codi llais yn nhŷ Dduw ond merched na allent dewi am fod rhyw orfoledd mawr ynddyn nhw na ellid ei atal.

Flynyddoedd wedi marw Catrin roedd Jên Ifans, merch ifanc o Amlwch, yn afon llythyr adref i'w rhieni o 'Nerpwl'. Soniai am gath yn ei dychryn un noson ac iddi hithau gredu 'ma ysbryd Catrin Rondol oedd wedi rhoi legô i hen fflodiart fawr Dyffryn Coch, a bod hi wedi hedag yma fel i ddangos imi grousdar oedd i ngwarfod i'.

Oedd, yr oedd Catrin Rondol wedi sicrhau anfarwoldeb.

8.   SARAH SIDDONS (1755-1837)

Go brin fod gan Hywel Harris fawr o feddwl o'r cwmnïau actorion a arferai grwydro'r wlad tua chanol y ddeunawfed ganrif. Ar y cyfan, rhai go ryfedd oedden nhw, yn byw fel sipsiwn ac yn cael eu hymlid o un dref i'r llall. Mewn ysguboriau y bydden nhw'n perfformio fel arfer er bod i gyrchfan ffasiynol fel Caerfaddon ei theatr ei hun. Ond yr oedd ymysg y cwmnïau ambell un gwell na'i gilydd. Un o'r rheini oedd cwmni Roger Kemble a'i wraig Sarah. Yn erbyn dymuniad ei rhieni y priododd Sarah â Roger Kemble. Roedden nhw am iddi fod yn rhywbeth amgenach nag actores. Ond roedd hi'n ferch benderfynol a hi enillodd y frwydr. Ei phenderfyniad a'i brwdfrydedd hi oedd yn gyfrifol am lwyddiant y cwmni.

Ar y pumed o Orffennaf 1755, ganed merch i Sarah a Roger Kemble mewn tafarn o'r enw *The Shoulder of Mutton* yn Aberhonddu. Erbyn heddiw, mae'r dafarn wedi ei gweddnewid a'i hail fedyddio yn *The Siddons Wine Vaults*. Galwyd y ferch ar enw'i mam a bu'n ddigon ffodus i etifeddu ei hewyllys gref a'i hynni mawr hi. Dilynwyd Sarah gan unarddeg o blant eraill ond bu pedwar ohonyn nhw farw'n gynnar.

Yn naturiol ddigon fe ddechreuodd Sarah actio pan oedd hi'n ifanc iawn. Er bod ei thad yn dadlau nad oedd am iddi fod yn actores roedd o'n hynod falch ohoni. Ac roedd ganddo reswm da dros fod. Yn sicir ddigon roedd Sarah wedi ei geni i fod yn actores. Roedd popeth o'i phlaid—ei hwyneb hardd; ei llygaid tywyll, treiddgar; ei chof aruthrol a'i geirio eglur.

Holl sculp.t

Ifanc iawn oedd hi pan ymunodd William Siddons â'r cwmni. Roedd o'n hŷn na Sarah ac wedi ei brentisio i drin gwalltiau. Er nad oedd William fawr o actor roedd ganddo yntau wyneb hardd a chof hynod. Roedd Mr Evans, ysgweier cyfoethog o Aberhonddu, dros ei ben a'i glustiau mewn cariad efo Sarah ond dili dalio rhwng William ac yntau a wnai. Roedd William am i Sarah ac yntau gymryd y goes a phriodi'n ddirgel ond ni chafodd Sarah i gytuno. Aeth yntau at ei rhieni a chreu helynt. Y canlyniad fu i Kemble orfodi William i ymddiswyddo o'r cwmni. Ond cyn iddo adael cytunodd Kemble i roi perfformiad ffarwel iddo. Gwnaeth William ddefnydd o'r perfformiad i adrodd ar goedd ddarn o farddoniaeth o'i waith ei hun—'Y Carwr Gwrthodedig'. Apêl oedd yn y darn barddoniaeth am gydymdeimlad merched Brycheiniog oherwydd iddo gael ei wrthod gan Sarah. Roedd y Sarah hynaf yn ei aros o'r llwyfan a rhoddodd glustan egar iddo. Bu ffrae ddychrynllyd ymysg y teulu ond yng nghanol yr helynt i gyd addawodd Sarah y byddai'n priodi William. Roedd ei apêl ar gân wedi cyffwrdd â'i chalon hi.

Ond roedd digon o bennau caled yn y teulu ar wahân i un Sarah ac fe'i hanfonwyd hi i Swydd Warwick yn fath o forwyn efo enw neis i'r Arglwyddes Mary Greatheed. Deuai William Siddons yno i'w gweld bob hyn a hyn ac i'w hatgoffa o'i haddewid iddo. Fe'u priodwyd nhw yn eglwys Coventry yn 1773, pan nad oedd Sarah ond deunaw oed. Er bod William un mlynedd ar ddeg yn hŷn na hi roedd o cyn dloted â llygoden eglwys. Gadawodd y ddau gwmni Roger Kemble ac ymuno â chwmni arall dan ofal partneriaid a lysenwyd, yn addas ddigon, yn *Fox and Bruin*.

Roedd amgylchiadau Sarah a William yn o druenus pan ddaethant i Cheltenham yn haf 1774. Roedd bri ar ffynhonnau Cheltenham bryd hynny a chryn dyrru yno. A'r haf hwnnw roedd yr Anrhydeddus Henrietta Boyle a rhai o'i ffrindiau yn aros yno. Mynd i'r theatr o ran hwyl wnaethon nhw, i weld y ddrama *Venice Preserved*—trasiedi mewn mesur di-odl gan Thomas Otway o Swydd Sussex. Roedd Sarah yn chwarae rhan Belvidera, merch i seneddwr a gwraig Jaffier, gŵr ieuanc pendefigaidd o Fenis. Ar ddiwedd y ddrama mae Jaffier yn lladd ei ffrind Pierre ac yna'n ei ladd ei hun ac mae Belvidera yn colli'i phwyll ac yn marw o dor-calon.

Yn ei bocs o ystafell wisgo clywodd Sarah am fwriad y cwmni a chynhyrfu'n arw. Tra oedd hi'n stormio drwy'r ddrama clywai sŵn uchel—chwerthin a gwatwar debygai hi—yn dod o'r bocs lle'r eisteddai'r cwmni. Aeth i'w gwely a'i hunan falchder wedi ei glwyfo. Ond trannoeth ar y stryd daeth yr Arglwydd Bruce, un arall o'r cwmni, at William Siddons i'w longyfarch ar berfformiad ei wraig. Roedd y merched, meddai, wedi cynhyrfu cymaint fel nad oedd wiw iddyn nhw ddangos eu llygaid cochion a'u hwynebau chwyddedig ar stryd Cheltenham.

Daeth Henrietta Boyle ei hun i ymweld â Sarah ac addawodd wneud popeth o fewn ei gallu i'w hybu ymlaen. A dyna ddechrau pethau. Aeth yr Arglwydd Bruce â'r sôn am Sarah yn ôl i Lundain a gwnaeth yn siŵr fod Garrick yn clywed am y seren ddisglair a oedd wedi ymddangos yn ffurfafen fwll Cheltenham. David Garrick oedd haul mawr byd y ddrama yn Llundain ym mlynyddoedd canol y ddeunawfed ganrif ac roedd bod yn ei lyfrau yn hanfodol i unrhyw actor. Anfonodd Garrick ei gynrychiolydd, King, i Cheltenham i gael golwg ar y seren newydd. Dallwyd King gan ei ddisgleirdeb a dychwelodd yn llawn brwdfrydedd gan beri i Garrick ei chyflogi ar unwaith. Ond yn anffodus, roedd gan Garrick eisoes ormod ar ei blât a phenderfynodd roi Sarah o'r neilltu, dros dro o leiaf.

Ganed mab i Sarah a'i alw'n Henry. Roedd ganddi'n awr ddau yn dibynnu arni gan nad oedd fawr o gic yn William. Ond yr oedd Sarah yn llawn hunan hyder a brwdfrydedd a'i

meddwl effro hi'n barod i sugno pob profiad a gwybodaeth
newydd.

Y Gwanwyn canlynol cofiodd Garrick am Sarah ac
anfonodd un arall o'i gynrychiolwyr i'w cheisio hi. Roedd
hi'n chwarae rhan Rosalind yn *Fel y mynnwch y mae* ac er
ei bod hi'n amlwg yn disgwyl plentyn roedd graen ar ei
pherfformiad hi. Anfonodd y cynrychiolydd air i Garrick yn
ei chanmol i'r entrychion. Roedd Garrick mewn dipyn o
helynt. Yn ei gwmni yn Drury Lane roedd ganddo dair
merch a'r tair am waed ei gilydd, a'i waed yntau. Byddai'n
ymddeol toc a 'doedd o ddim am wneud hynny dan gwmwl
wedi deugain mlynedd o actio a rheoli a threfnu.
Penderfynodd wahodd Sarah i ymuno â'i gwmni gan
obeithio y byddai llid a chenfigen y tair merch yn troi i'w
chyfeiriad hi. Yn sgîl Sarah roedd yn rhaid derbyn William
hefyd. Roedd William eto i sylweddoli y fath agendor o
dalent oedd rhyngddo ef a Sarah a derbyniodd gynnig
Garrick o bumpunt yr wythnos yn eiddgar gan gyfeirio at
'ein teilyngdod'.

Cyn iddi allu symud i Lundain ganed merch i Sarah a'i
galw hithau wrth yr un enw â'i mam a'i nain. Pan
gyrhaeddodd Sarah i Lundain yn gynnar yn 1775 roedd hi
mewn gwendid a straen gofalu am dri aelod arall y teulu yn
dweud arni. Yn fuan wedi'r Nadolig roedd hi'n chwarae
rhan Portia yn *Marsiandiwr Fenis*. Roedd chwilfrydedd
mawr ynglŷn â'r ferch ifanc newydd oedd i ymddangos am y
tro cyntaf ac roedd y gynulleidfa, yn llawn o ysbryd y
Nadolig, yn barod i'w chroesawu. Ond roedd Sarah yn
nerfau i gyd a gwnaeth stomp o'r rhan. Mor wahanol i'r
Sarah hunan hyderus honno a fu'n teithio o gwmpas y wlad.

Roedd Garrick yn iawn—ar Sarah y syrthiodd holl lid y
tair merch. Ac er mwyn eu cyffroi nhw ymhellach gwnaeth
Garrick ati i wthio Sarah ymlaen. Ond heb fawr o
lwyddiant. Rhwng hynny a'r gwendid a'r awyrgylch

ffrwydrol y tu ôl i'r llenni methiant fu ymddangosiad cyntaf Sarah Siddons ar lwyfan Drury Lane.

Roedd hi'n bryd i Garrick ymddeol. Er bod iddo lawer o feiau roedd o'n actor dan gamp a bu Sarah ar ei mantais o gael y cyfle i'w wylio. Drwy'i hoes roedd hi i gofio un cyngor o'i eiddo—

'Os na fedrwch chi siarad neu garu efo bwrdd neu gadair yn ogystal â'r ferch harddaf yn y byd wnewch chi byth, byth actor mawr.'

Wedi i Garrick adael daeth eraill i Drury Lane a phenderfynwyd nad oedd yno le i Sarah a William. Cychwynnodd y ddau, a'r plant efo nhw, ar daith i'r taleithiau. Pan oedden nhw yn Birmingham daeth gair i ddweud na fyddai ar Drury Lane angen eu gwasanaeth. Bu hyn yn loes fawr i Sarah. Am flwyddyn a hanner bu'n wael iawn a phawb yn credu nad oedd wella iddi. Ond daliodd i weithio drwy'r cyfan a'i chwerwder tuag at Garrick yn fwy o sbardun na dim iddi. Roedd hi'n ferch falch iawn. Dywedodd rhywun amdani—'Ei hunig wendid oedd tuedd tuag at lid a theimladau chwerw.' 'Doedd William druan fawr o help—yn ffwdan i gyd ac yn feirniadol dros ben o Sarah er ei fod yn dibynnu'n llwyr arni.

Yn 1779 ganed merch arall i Sarah a'i galw'n Maria. Bu llwyddiant ar yr actio yma ac acw, yn arbennig yng Nghaerfaddon, ac roedd pobl y lle hwnnw'n awyddus iawn iddi aros efo nhw. Ond roedd Sarah a'i llygaid ar Lundain unwaith eto. Cyn iddi gychwyn am y brifddinas aeth â'r tri phlentyn bach efo hi i'r llwyfan ac meddai hi, mewn ffarwel ddramatig—

Rhain yw'r tri gwadd sy'n fy nghludo oddi wrthych
O'r lle y bwriais wreiddiau, lle y gallwn farw.
Sefwch, rai bach, a phlediwch dros eich mam,
Fagnedau bychain, a'ch tynerwch yn fy nhynnu

O'r man lle chwyth awelon tyner
A roddodd im hapusrwydd ac esmwythyd,
A'm hanfon yn anturus ar y cefnfor
Mewn gobaith y cewch elwa ar f'elw i.'

Yn fuan wedyn ganed y pedwerydd plentyn—Elizabeth
Ann. Ymhen pythefnos roedd Sarah yn ôl ar y llwyfan, yn
fwy penderfynol nag erioed o lwyddo.

Yna, yn 1782, daeth y noson fawr, a hynny yn Drury Lane
o bobman. Gwnaeth y noson honno hanes ym myd y theatr.
Roedd y gynulleidfa wedi'i boddi mewn dagrau; merched
yn llewygu; y gymeradwyaeth yn fyddarol—a hynny cyn i'r
ddrama orffen. Dychwelodd Sarah i'w chartref yn fud ac
wedi ymlâdd yn llwyr. Roedd William ei gŵr wedi ei
chanmol i'r entrychion yn y papurau ymlaen llaw. Gallai
fod wedi gwneud drwg mawr iddi, ond yn ffodus i'r ddau
ohonyn nhw fe wireddwyd ei eiriau oherwydd ei dawn fawr
hi.

Trannoeth, roedd y papurau'n frwd. Roedd Sarah wedi
cyrraedd—yn saith ar hugain oed, yn hardd o gorff, yn
blaen ei thafod, a'i llygaid tywyll yn orlawn o fynegiant. Yn
ei bywyd bob dydd roedd yn galed, yn oer, yn bell ond ar y
llwyfan yn llawn angerdd. Roedd y cyhoedd wedi gwirioni
arni. Anghofiwyd am Elizabeth Barry, Mrs Bracegirdle,
Mrs Cibber a Mrs Woffington. Enw Sarah Siddons oedd ar
dafod pawb.

Galwodd Siôr y trydydd ar Sarah i'r llys a pheri iddi
ddarllen i'r teulu brenhinol. Clywsai sôn fod Sarah yn
defnyddio paent gwyn ar ei hwyneb a'i gwddw pan yn actio
a rhybuddiodd hi o ganlyniadau erchyll peth o'r fath.
Gwylltiodd Sarah a gwadu'r cyhuddiad yn ffyrnig.

Daeth holl wŷr amlwg y cyfnod i'w gweld—Burke a Fox, y
gwleidyddion; Sheridan y dramodydd; Reynolds yr
arlunydd a'r enwog Dr Johnson—'eich isel was, annwyl
fadam'. Roedd yna si fod Tywysog Cymru â'i lygad arni ond

haerai un o wŷr ffraeth y cyfnod y byddai'n haws gan rywun feddwl am garu efo Archesgob Caergaint nag â Mrs Siddons.

Roedd hi fel peiriant—yn rhoi pedwar ugain o berfformiadau mewn wyth mis a'r rheini'n cynnwys amrywiaeth mawr o ddramâu. Hen drasiedi dyddiau Cheltenham oedd un ohonyn nhw. Cafodd actio yn *Venice Preserved* effaith druenus ar William Brereton, un arall o wrthodedigion Garrick. Collodd y creadur ei bwyll a cheisiodd ladd ei wraig. Fe'i rhoddwyd mewn gwallgofdy a'r tafodau milain yn beio ei gyd-actores galed ac oer. Ond 'doedd manion felly yn menu dim ar actio Sarah. Roedd ei holl gorff fel pe bai'n meddwl. Gallai'r holl boblogrwydd yn hawdd fod wedi codi i'w phen. Anfonodd nodyn i'r papurau i ddweud y byddai'n gofalu rhag dangos unrhyw arwydd o falchder.

Yn 1783 daeth â'i chwaer, Frances Kemble, i Drury Lane. Er bod Frances yn ddigon tebyg i Sarah o ran golwg, actores eilradd oedd hi. Yn fuan iawn roedd hi'n gadael i briodi. Agorodd ysgol i ferched bonheddig yng Nghaerfaddon—ysgol breswyl yn codi tâl o gan gini'r flwyddyn. Wedi i Frances adael daeth Sarah a'i chwaer arall, Elizabeth, yno yn ei lle ond cafodd hi lai fyth o lwyddiant. Gwnaeth ei brodyr, Charles a John Philip, enw iddynt eu hunain. Bu Sarah a hwythau'n cyd-chwarae ar y llwyfan.

Cafodd Reynolds hi i eistedd iddo a galwodd y llun gorffenedig *Yr Awen Drasig*. Yn ddeg ar hugain oed hi oedd yr unig Lady Macbeth. Meddai Mrs Piozzi yn 1786—

'Alla i ddim meddwl am un dim yn Llundain sy'n gwneud iawn am adael yr Eidal—dim ond teisen dôst yn y bore a Mrs Siddons yn yr hwyr.'

Daeth y ddwy'n gyfeillion er mai bas oedd y cyfeillgarwch. Treuliai Sarah ei hafau yn y cyfnod hwnnw yng nghartref Mrs Piozzi—Brynbella yn Nyffryn Clwyd.

Yn 1788 bu Elizabeth Ann, y ferch ieuengaf, farw yn chwech oed. Arhosodd Sarah o Drury Lane am flwyddyn gyfan oherwydd na châi ei thalu. Roedd Sheridan, cyfarwyddwr y theatr, yn feddw trwy gydol yr amser a'r actorion yn gweithio'n ddi-dâl yn aml. Yn fuan wedyn tynnwyd Drury Lane i lawr a symudwyd y cwmni i'r tŷ opera yn yr Haymarket tra'n adeiladu theatr newydd ar safle Drury Lane. Agorwyd y theatr honno gyda pherfformiad o *Macbeth* a Kemble, brawd Sarah, yn gwneud camp fawr drwy gyflwyno llyn, yn cynnwys dŵr go iawn, ar y llwyfan.

Rywdro yn y nawdegau, tra'n aros efo Mrs Piozzi, cafodd Sarah wahoddiad i'r Plas Newydd, Llangollen. Yno, cafodd ei chyflwyno i'r ddwy foneddiges hynod hynny, Eleanor Butler a Sarah Ponsonby.

Ar dro'r ganrif 'doedd yna fawr o hwyl ar Sarah. Roedd Maria, ei merch, wedi marw o'r dicau a'r ferch arall, Sally, yn wael. Roedd William yn dioddef o'r cryd cymalau ac yn anodd ei drin a Kemble, ei brawd, yn frith o fân helyntion. Roedd William fel petai'n benderfynol o wneud i Sarah ddioddef oherwydd iddi ei adael yn y cysgodion. Meddai Mrs Piozzi, pan oedd hi'n disgwyl y ddau i Brynbella, ar eu ffordd i'r Iwerddon—

'Wn i ddim ar y ddaear sut yr ydw i'n mynd i oddef golwg y William yna.'

Roedd Sarah yn feichiog unwaith eto, efo'r seithfed plentyn. Ceisiai gario poenau pawb—yn ŵr a phlant a brodyr a chwiorydd. Cafodd gryn drafferth efo'i chwaer, Julia Ann Hatton, a adwaenir fel Ann of Swansea a bu gofyn i Sarah a John Philip roi blwydd-dâl iddi i'w chynnal tra oedd hi'n barddoni ac yn ysgrifennu nofelau a dramau. Haerai Mrs Piozzi nad oedd gan ei theulu fawr o gariad tuag ati. Meddai—

'Maen nhw i gyd am gael yr hyn allan' nhw ohoni; ond mae'r cariad i gyd yn llifo ohoni hi tuag atyn nhw, nid ohonyn nhw tuag ati hi.'

Roedd si ar lêd fod Sarah yn chwarae â serchiadau y Thomas Lawrence ifanc a oedd yn byw ac yn bod yn ei thŷ hi. Roedd Sally a Maria wedi bod yn ymryson am ei serch ond rhoddodd afiechyd derfyn ar yr ymryson hwnnw. Yn 1804 roedd y tafodau'n clecian unwaith eto a rhai yn proffwydo y byddai William yn hawlio ysgariad oddi wrth Sarah oherwydd ei bod hi'n caru efo Lawrence. Ond mae'n ymddangos mai yn Hampstead yr oedd Sarah, yn dioddef yn arw o'r cryd cymalau. Rhoddodd gynnig ar sawl peth i geisio lleddfu'r boen nes cael rhyddhad o'r diwedd gan driniaeth drydan. Ymhen amser, gadawodd Lawrence y wlad a thawelodd y tafodau dros dro. Ond bu sawl sgandal arall ar lêd ynglŷn â Sarah. Cyhoeddodd Mrs Catherine Galindo bamffled yn 1809 yn cyhuddo Sarah o geisio dwyn ei gŵr a dinistrio ei chartref.

Tra oedd Sarah yn yr Iwerddon bu Sally farw a gan fod George, ei mab, wedi gadael i fynd i Bengal nid oedd ganddi ond yr un leiaf, Cecilia, ar ôl. Prynodd Sarah fwthyn iddi ei hun yn Westbourne Green—y wobr y bu'n ei haddo iddi ei hun ar hyd y blynyddoedd. Treuliai ei hamser yno yn gofalu am Cecy, yn garddio, ysgrifennu llythyrau, gwnïo a gwneud modelau.

Gwnaeth ymdrech i dynnu sylw y cyhoedd at Henry, ei mab, ond un trwsgwl a blêr oedd Henry a'i hunan hyder yn sobor o brin. Ddiwrnod ei briodas bu ond y dim iddo a llewygu. Yn ei gynnwrf, gwaeddodd 'Gwnaf' cyn pryd a methai'n lân â dod o hyd i'r fodrwy. Roedd ei ddarpar a'i theulu'n fôr o ddagrau drwy gydol y seremoni.

Bu William farw yn 1808. Bu'n aros ym Mrynbella efo Mrs Piozzi ac yn dweud ei gwyn wrthi. Roedd Sarah, meddai, wedi ei droi allan o'i gartref. Cydymdeimlodd Mrs Piozzi ag ef er iddi ddweud pethau hallt amdano o dro i dro. Dyn gwan oedd William wedi'i orfodi i fyw yng nghysgod ei wraig ac wedi ei siomi ynddo'i hun.

Yn 1808 hefyd ail gydiodd Sarah yn yr actio—y tro yma

yn Covent Garden. Ond yn ystod y perfformiad o'r ddrama *Pizzaro*, trasiedi gan Sheridan, aeth y theatr ar dân a llosgwyd hi i'r llawr. Roedd y colledion yn enfawr—yn ddigon i dorri Kemble yn llwyr—ond gwnaed cronfa a chasglwyd pum mil a thrigain o bunnoedd. Agorwyd theatr newydd ymhen blwyddyn ond hanner canrif fu parhad honno. Bu'r colledion a'r trafferthion yn ormod i Sarah. Roedd y Mrs Piozzi fach gecrus wedi troi tu min ati ac roedd hi'n awyddus i ymddeol.

Bu'r tymor olaf yn un prysur a gweithgar. Uchafbwynt y tymor oedd perfformiad olaf Sarah yn *Macbeth*. Roedd seddau Covent Garden i gyd wedi eu llenwi a'r gynulleidfa'n trysori'r tocynnau—pob un yn cynnwys ar ei sêl y gair 'Ffarwel'. Daeth Kemble ymlaen, dan wylo, ac arwain Sarah oddi ar y llwyfan. Ni fynnai'r gynulleidfa ragor o ddrama'r noson honno.

Yn 1813 lluniwyd llyfr o lofnodion yn galw Sarah yn ôl. Ond roedd hi'n ddigon doeth i wybod pryd i gilio ac yn ddigon penderfynol i aros ar encil. Ond nid mewn segurdod. Bu'n darllen o weithiau Shakespeare a Miltwn yn Ystafelloedd yr Argyle; treuliodd benwythnos yn Windsor a chafodd anrheg o groes emog ar gadwen gan y frenhines Charlotte; teithiodd i Baris, ac i'r Yswistir at Kemble. Yn 1822 cyhoeddodd lyfr—'Coll Gwynfa' Miltwn wedi'i aralleirio—'Hanes ein rhieni cyntaf; wedi'i ddethol o 'Coll Gwynfa' Miltwn at ddefnydd pobl ieuanc gan Mrs Siddons'. Roedd Mrs Piozzi wedi cilio'n llwyr erbyn hyn a Sarah yn byw yn Regent's Park. Ond ni chafodd fawr o lawenydd wedi ymddeol. Roedd ei chalon hi'n dal yn y theatr.

Roedd hi'n ymwybodol iawn o'i dawn fel actores. Meddai hi wrth eneth fach unwaith, pan welodd fod honno'n syllu mewn rhyfeddod arni—

'Ah, mechan i, fe allwch chi fentro edrych arna i; welwch chi mo 'nhebyg i byth eto.'

Yn 1822 cyflwynodd Siôr y Pedwerydd y llysgennad Ffrengig i hen wraig chwyrn yr olwg. Brenhines wedi gadael ei gorsedd, meddyliodd yntau. Ysgydwodd law â hi. 'Fi ydy Mrs Siddons,' meddai. Ac ni allai'r un frenhines ei ddweud gyda mwy o urddas.

Dychwelodd Thomas Lawrence (Syr, erbyn hyn) o'i grwydriadau a chafodd Sarah fod ei theimladau tuag ato mor wresog ag erioed. Roedd Lawrence, meddai, i gael ei chario i'w bedd. Ond bu Lawrence farw o'i blaen. Roedd Mrs Piozzi hithau wedi mynd a'i gadael, dair blynedd ynghynt. Nid oedd neb yn aros bellach ond Cecilia, a Fanny Kemble ei nith, merch Charles ac actores ddawnus.

Ond 'doedd hi ddim wedi ei hanghofio. Daeth dros bum mil o bobl i'w hangladd ar y pymthegfed o Fehefin 1837. Ac am awr neu ddwy ar y dydd hwnnw o haf roedd Sarah Siddons o Aberhonddu unwaith eto yn eilun y cyhoedd.

9. ANN GRIFFITHS (1776-1805)

Bywyd cyfyng iawn oedd un Ann Thomas, Dolwar
Fechan, o'i gymharu ag un Sarah Siddons. Ar fywyd
cymdeithasol Llundain y gwariodd Mrs Thrale ei hamser
a'i harian ac i gynulleidfaoedd Lloegr y cysegrodd Sarah ei
dawn fawr ond i'r Cymry, yn eu hiaith eu hunain, y creodd
Ann yr emynau y bu'r fath ganu arnyn nhw ar hyd y
blynyddoedd. Er, 'dydy hynny ddim yn hollol gywir
chwaith. 'Er difyrrwch' iddi hi ei hun y byddai'n
cyfansoddi'r emynau, meddai hi, ac ni fwriadai i neb eu
gweld byth. Oni bai i Ruth Evans, morwyn Dolwar,
ddysgu'r geiriau ac i Thomas Charles a John Hughes
Pontrobert eu rhoi ar bapur go brin y bydden ni wedi clywed
am Ann Griffiths. Ac eto, pwy sydd i wybod nad oedd Ann,
yn ddirgel yn ei chalon, yn gobeithio y deuai ei hemynau i
glyw'r cyhoedd ac y byddai canu arnyn nhw fel ar emynau
Williams? Ni allwn fod yn siŵr o ffurfiau gwreiddiol yr
emynau erbyn hyn. Newidiwyd cryn lawer arnyn nhw yng
nghwrs y blynyddoedd a hynny er gwaeth bob tro.
Meddai Ieuan Gwynedd, yn y rhifyn cyntaf o'r *Gymraes,*
a gyhoeddwyd yn 1849—
'Hyd yn hyn nid ydyw merched Cymru wedi derbyn y sylw
a deilynga eu sefyllfa nac wedi mwynhau cyfleusterau
cydradd â meibion ein gwlad . . . Gyda golwg ar lyfrau, nid
ydym yn cofio am un llyfr Cymraeg wedi ei ysgrifennu gan
ferch, oddieithr ychydig emynau . . .'
Nid Ann Thomas, Dolwar, oedd yr unig ferch i
ysgrifennu 'ychydig emynau'. Yn *Cymru* 1906 cyhoeddodd
Carneddog gasgliad o emynau. Daethai o hyd iddyn nhw yn

llawysgrifau Robert Isaac Jones (Alltud Eifion) o Bentrefelin, gŵr diddorol a agorodd siop fferyllydd yn Nhremadog i werthu'n arbennig belenni o'i ddyfais ei hun—'meddygyniaeth anffaeledig at bob math o anhwylderau dynol.' Efallai mai'r belen hon oedd y 'bilsan nymbar nein' ddiharebol y canwyd ei chlodydd mewn cyngherddau ar hyd a lled y wlad flynyddoedd yn ôl.

Roedd tad yng nghyfraith Alltud Eifion, tad ei wraig gyntaf, yn fab i Elizabeth Phillips o'r Penrhyn Mawr, Llandudno, a'i heiddo hi oedd yr emynau a gyhoeddwyd yn *Cymru*. Mae'n debyg iddi eu cyfansoddi oddeutu 1836. Meddai Carneddog yn ei ragair i'r casgliad—

'Wrth ddarllen hanes, a mawrygu ffrwyth myfyrdodau effro a threiddgar ein prif emynyddes o Ddolwar Fach, trawyd fi â mwy o ysbryd chwilota am ychwaneg o gynnyrch awen iraidd ein prydyddesau Cymreig. Nawseiddir eu barddoniaeth, bron bob amser, â rhyw dynerwch hyfryd, swynol a thrawiadol. Oherwydd gwyleidd-dra, neu resymau anhysbys, y mae gwaith oes llawer merch o athrylith loew wedi cael ei gadw oddi wrth lygaid y cyhoedd darllengar, er difrif resyndod a cholled i'n llenyddiaeth.'

Dull ymddiddan agos atom sydd i emynau Elizabeth Phillips a cheir ynddyn nhw adleisiau aml o emynau Ann Thomas ei hun. Rhyfeddod mawr Ann oedd bod yn fwy 'mewn ffwrneisiau sydd mor boeth'. Cysur Elizabeth oedd bod yn fyw 'mewn brwydr sydd mor boeth'. Meddai Ann amdani ei hun—'Pechadur aflan yw fy enw / O ba rai y penna'n fyw'. Ac meddai Elizabeth—'Pechadur aflan ydwyf / O'r fath y dua'n fyw'. Gwêl Elizabeth Phillips, fel Ann o'i blaen, ragoriaeth Duw ar 'ddiafol, cnawd a byd'.

Ond ni cheir yn emynau Elizabeth Phillips awgrym o'r berthynas iasol oedd rhwng Ann a'i Christ, y 'person rhyfedd' oedd yn gyfuniad mor berffaith o Dduw a dyn.

Roedd Ann yn eneth fywiog, ddel hefyd, yn dal o'i hoed a'i thalcen uchel yn rhoi golwg fonheddig arni. Ond merch i dyddynnwr oedd hi, yn un o bump o blant, ac er iddi ddysgu darllen—Saesneg mae'n debyg—yn ysgol 'Mrs Owen y Sais' 'doedd ganddi fawr o obaith canlyn ymlaen â'i haddysg. Roedd ei hangen hi gartref.

Ond roedd hi'n llawer rhy wibiog ei meddwl, er hynny, i allu bodloni ar undonedd gwaith bob dydd. Câi ollyngdod mewn ffair a dawns a noson lawen. Ac er bod teulu Dolwar yn selog yn eglwys y plwyf ac yn cadw dyletswydd fore a nos roedd yno ddigon o hwyl. Deuai'r cymdogion i Ddolwar a thelyn a chrwth i'w canlyn a byddai mynd ar chwarae dîs a chardiau.

Gan ei bod hi'n ferch ddireidus a ffraeth ei thafod 'doedd Ann ddim ar ôl o wneud sbort o'r Methodistiaid syber. 'Dacw'r pererinion yn mynd i Fecca,' meddai, am y bobl a welai yn mynd heibio ar eu ffordd i'r Gymdeithasfa yn y Bala. Yn ôl pob sôn 'doedd hi ddim yn ddieithr i dafarn y Llan chwaith ac mae'n siŵr ei bod hi, yn synhwyrus a byw fel roedd hi, yn un dda am 'godi cariad'. Fe all fod perthynas o ryw fath rhyngddi â Thomas Evans, curad eglwys Llanfihangel. Efallai, hefyd, fod ganddi gariad arall, mwy gwerinol ei natur na Thomas Evans a bod yna, fel yn hanes y ferch o Gefn Ydfa, wrthwynebiad i'r briodas, yn arbennig o du'r fam. Tybed ai am y cariad hwnnw y meddyliai Ann wrth ganu—

'A raid i'm sêl, oedd farwor tanllyd
  Unwaith dros dy ogoniant gwiw,
A charedigrwydd dy ieuengctid,
  Fyn'd yn oerach at fy Nuw?
Breswylydd mawr yr uchelderau
  Yn awr datguddia'th wyneb llon,
A dyddyfna fy enaid bellach
  Oddiar fronau'r Greadigaeth hon.'

Ni chafodd y pennill yma ei gynnwys yn Llyfr Emynau y Methodistiaid Calfinaidd a Wesleaidd ond cawn ynddo olwg newydd eto ar y ferch nwydus a wyddai am 'ddeniadau cnawd a byd'. Mae hynny'n peri inni allu cydymdeimlo'n well â'r helygen simsan a safai'n unig yng nghanol y derw cadarn.

Beth ddigwyddodd rhyngddi a'i chariad tybed? Pwy oedd o? Ni allwn bellach ond dyfalu. Oherwydd fe aeth deugain mlynedd heibio wedi ei marw cyn i ddim o'i hanes gael ei gofnodi. Gwnaed hynny yn y *Y Traethodydd* yn 1846 gan John Hughes, Pontrobert, y cyfaill y bu Ann yn ei blagio ac yn ei edmygu. Roedd perthynas agos rhwng Ann a John ac mae'n debyg fod ganddi gryn feddwl o'r dyn blêr, trwsgwl ei gorff, er na allai ymatal weithiau rhag cael sbort am ei ben. Mae John Morgan, Yr Wyddgrug, mewn erthygl ryfeddol o gyfoes ei natur yn *Cymru,* Ionawr y 15ed, 1906, yn sôn am olygfa ryfedd a welwyd unwaith yn Nolwar pan oedd John Hughes yn aros yno. Roedd y teulu'n cadw dyletswydd a John Hughes yn gweddïo. Eisteddai ar stôl wrth fwrdd crwn a'i ên yn pwyso ar y bwrdd. Wrth iddo siarad, yn hamddenol, byddai'n glafoerio nes bod y glafoer yn hel yn bwll ar y bwrdd. Roedd hyn yn goglais Ann a rhoddodd bwniad i Ruth, a oedd yn eistedd wrth ei hochr. Cyn gynted ag y dywedodd John Hughes y geiriau 'Yn enw ein Harglwydd Iesu Grist' cododd Ruth, cipiodd ei ffedog a'i thaflu dros y bwrdd er mwyn cuddio 'bai' John Hughes druan. Beth bynnag oedd cymhelliad y forwyn, fe briodwyd Ruth a John Hughes yn 1803.

Roedd deugain mlynedd yn fwlch go fawr, fel y cyfaddefai John Hughes ei hun. Wrth gofnodi'r hanes, ei ddewis ef oedd cynnwys neu hepgor. Tybed nad ydy'r oedi hir yn profi nad oedd cyfeillion pennaf Ann wedi sylweddoli ei mawredd? Yn sicir, roedd y mwyafrif ohonyn nhw yn bur annhebyg iddi o ran natur a go brin eu bod nhw, yng nghadernid diysgog eu ffydd, yn gallu deall a chydymdeimlo â'r frwydr gyson a flinai Ann. Dywed John Morgan fod amryw o bobl ei chyfnod, oedd wedi ei goroesi hi o hanner canrif a mwy, yn feirniadol iawn ohoni. Mae'n crybwyll hen fodryb iddo a fyddai'n sôn yn llym ei thafod am ddiffygion Ann—

'Roedd hi'n od o wamal ac weithiau yn y capel, wel di, fel rhyw lodes ifanc ddeuddeg oed. Yr oedd hi'n rhemp o ddireidus hefyd lle y caffai hi siawns.'

Ond i fod yn hollol deg â John Hughes a'r criw, efallai mai parchu dymuniad Ann yr oedden nhw wrth beidio cyhoeddi'r emynau.

Yn Ionawr 1794 bu farw mam Ann. Y fam, i bob pwrpas, oedd pen y teulu—y ddewraf a'r gryfaf ohonyn nhw. Roedd hi, wrth gwrs, yn Eglwysreg ddi-droi'n-ôl ac roedd y ffaith i'w thad fod yn warden eglwys y Llan yn beth i ymhyfrydu ynddo. Etifeddodd Ann lawer o nodweddion ei mam ac roedd y ddwy, mae'n debyg, yn deall ei gilydd yn bur dda. Roedd unigrwydd Ann wedi marw'i mam yn llethol a'r tŷ, a fu unwaith yn llawn o haul a hwyl, yn oer a di-gysur.

Gadawodd Siôn, ei brawd, yr eglwys a throi at y Methodistiaid o dan ddylanwad Samuel Owen, mab Mrs Owen y Sais. Rhoesai Samuel ddau lyfr ar fenthyg i Siôn—*Tragwyddol Orffwysfa y Saint,* Baxter, a thraethawd y Parchedig Timothy Thomas—*Y Wisg Wen Ddisglaer.* Rhannodd Siôn ei ychydig eiddo rhwng y tlodion, yn ddillad a defaid, ond bu'n rhaid iddo ddioddef peth wmbredd o boen meddwl cyn iddo, o'r diwedd, gael y cysur a geisiai yn seiadau Penllys. Ceisiodd John Hughes ac yntau yn daer iawn berswadio Ann i fynd i'w canlyn i'r seiat ond 'doedd hi ddim yn barod i'w chladdu ei hun yn fyw efo'r Pengryniaid. Roedd Siân, ei chwaer, hefyd wedi troi at y Methodistiaid ac wedi symud i fyw efo'i gŵr i Lanfyllin. Roedd cefnu ar yr eglwys yn gam mawr a thyngedfennol ac roedd Ann, mae'n debyg, yn ddig iawn wrth aelodau'i theulu am droi eu cefnau.

Pan oedd hi tua phedair ar bymtheg neu ugain oed daeth
newid dros Ann. Ni châi flas bellach ar y ffeiriau a'r
dawnsfeydd. Wyddom ni ddim beth oedd yn ei phoeni
hi—poenau crefydd; poenau cariad; y crydcymalau a
gwendid corff; yr hiraeth ingol am ei mam—neu, efallai,
gymysgedd o'r cyfan. Ond fe wyddom ei bod hi'n flin ei
hysbryd. Yna, ar y Pasg yn y flwyddyn 1796, aeth i'r
Wylmabsant yn Llanfyllin gan obeithio, efallai, allu ail
afael yn yr hen asbri. Ond i gapel Pen y Dref, capel y
Sentars, yr aeth hi, wedi'i denu yno gan y canu, meddai hi.
Roedd y gwasanaeth yn un digon llugoer nes i'r Parchedig
Benjamin Jones godi ar ei draed. Efallai iddo gael oedfa
fawr (roedd o'n bregethwr grymus mae'n debyg); efallai fod
Ann, yn ei chyflwr isel, yn agored i gael ei dylanwadu. Beth
bynnag am hynny, fe ddigwyddodd rhywbeth iddi yn ystod
yr oedfa honno. Troedigaeth? Tybed? Roedd yr hen boenau
yn dal efo hi ac i lynu wrthi weddill ei hoes. Ymhen rhyw
dair blynedd wedyn roedd hi'n canu—

    Pan fo'r enaid mwyaf gwresog
      Yn tanllyd garu'n mwyaf byw,
    Mae'r pryd hynny yn fyr o gyrraedd
      Perffaith sanctaidd gyfraith Duw.'

Yn fuan wedi'r profiad yng nghapel Pen y Dref roedd
Ann wedi penderfynu gadael Dolwar a mynd i Lanfyllin at
yr Annibynwyr i geisio gwireddu'r addewid a gawsai yno.
Ond roedd hi wedi'i gwreiddio'n o ddwfn yn nhir Dolwar.
Aeth hi ddim pellach na chapel Pontrobert, a hynny'n
ddigon cyndyn mae'n debyg. Yn ôl John Hughes, byddai'n
syrthio ar y ffordd wrth gerdded adref o'r Bont ac yn ei
llusgo ei hun hyd lawr 'gan ddychrynfeydd a thrallod ei
meddwl'. Gallodd godi, er bod sawl clais a chraith yn aros,
ac am wyth mlynedd bu'n symud o binaclau gorfoledd a
llawenydd i ddyfnder anobaith a thristwch. 'Doedd dim

llwybr canol i Ann. Mewn llythyr i John Hughes, a oedd erbyn hynny wedi gadael Dolwar ac yn athro yn un o ysgolion Thomas Charles, meddai—

'Ond dyma fy ngofid—methu aros—parhaus ymadael. Yr wyf yn gweled fy ngholled yn fawr oblegid hyn; ond y dianrhydedd a'r amharch ar Dduw sydd fwy na hynny. Help i aros.'

Cri o'r galon oedd hon gan ferch synhwyrus na allai anghofio'r llawenydd a roesai'r byd iddi; merch ac ynddi'r gallu i garu a'r angen am gael ei charu; merch onest, yn gwybod ei diffygion ac efallai'n eu chwyddo'n ddi-angen. Meddai—

'Yr wyf yn meddwl nad oes arnaf eisiau newid fy ngwisg, ond bod yn lanach ynddi.'

Ei gweld ei hun yn annheilwng yr oedd hi. Roedd teilyngdod gwrthrych ei serch hi yn ddi-gwestiwn—'Ar ddeng mil y mae'n rhagori / O wrthrychau penna'r byd'. O'i chariad hi y tarddodd ei holl emynau, yn ffrwd ddi-atal, blêr eu cystrawen, ac ynddyn nhw'r angerdd na allai ond merch ei deimlo a'i gyfleu. Ni allodd Williams, er maint ei athrylith, ei roi ei hun fel y rhoddodd Ann ei hun i'w Christ.

Yn ei gerdd i Adda ac Efa mae Pantycelyn yn sôn fel y gall angerdd y cariad at Dduw droi'n gariad at fab neu ferch—

'Os crefydd sydd yn unig mewn nwydau poeth yn llawn
I'r cyfryw newid gwrthrych nid yw ef anodd iawn.'

Mae'r gwrthwyneb yn wir am Ann. Roedd yr angerdd ynddi eisoes ond roedd arni angen y 'gwrthrych teilwng'.

Nid rhywbeth llugoer mo'r cariad yma ond peth tanbaid, ysgytiol ar adegau. Tynnai Ann gryfder o'i chariad a chawn fynegiant o hynny yn y llinellau hyn—

'Addurna'm henaid â dy ddelw,
Gwna fi'n ddychryn yn dy law.'

Cythruddwyd un beirniad ym mlynyddoedd canol y ganrif ddiwethaf gan y llinellau hyn a chyhuddodd Ann o gabledd. Roedd yn yr emyn ormod o ysbryd dial, meddai. Ond roedd Ann yn dibynnu ar y nerth yma—

'Ohono ef mae fy nigonedd,
   Yno trwy fyddinoedd âf;
Hebddo, eiddil, gwan a dinerth,
   A cholli'r dydd yn wir a wnaf.'

Ceir yn ei hemynau gyfoeth o brofiadau amrywiol. Mae hi weithiau'n fawr ac yn gref yng ngwres ei chariad—

'Cael Duw'n Dad, a Thad yn noddfa,
Noddfa'n graig a'r graig yn dŵr . . .'

ac weithiau'n fechan ac yn eiddil yn oerni ei hansicrwydd—

'Blin yw mywyd gan elynion,
   Am eu bod yn aml iawn;
Fy amgylchu maent fel gwenyn
   O foreuddydd hyd brynhawn . . .'

Ond y munud nesaf mae hi'n codi ac yn datgan—

'Ond trwy gymorth, rwy am bara
I ryfela hyd at waed.'

Gallai'r cariad ei thawelu a rhoi iddi orffwys—

'Dyma babell y cyfarfod,
   Dyma gymod yn y gwaed,
Dyma noddfa i lofruddion,
   Dyma i gleifion Feddyg rhad;
Dyma fan yn ymyl Duwdod

I bechadur wneud ei nyth,
    A chyfiawnder pur Jehofa
        Yn siriol wenu arno byth.'

Ond gallai hefyd roi iddi gynnwrf a chyffro—

'Cofia, Arglwydd, dy ddyweddi,
    Llama ati fel yr hŷdd;
Ac na âd i'r Ameleciaid
    Arni'n hollol gario'r dydd . . .'

Mae'r emynau'n llawn o gyfeiriadau Beiblaidd. Roedd hi
wedi darllen cymaint ar ei Beibl nes bod y geiriau'n rhan
ohoni. Byddai'n ysgrifennu rhai o'r penillion weithiau ac yn
eu cuddio o dan glustog hen gadair wellt. Pam, tybed?
Merch oedd hi wedi'r cyfan, a merch ei chyfnod i raddau
helaeth. I'w thad 'canu'n dlws odiaeth' yr oedd Nansi.
Eistedd a gwrando oedd swydd merch ac mae'n debyg fod
Ann yn teimlo nad oedd ganddi hawl i dresmasu ar dir a
oedd yn perthyn i'r dynion.

Prin ydy cynnyrch Ann o'i gymharu â chynnyrch
Williams—dim ond rhyw saith deg pedwar o benillion i
gyd—ond mae i bob llinell ryw arbenigrwydd. Cafodd ei
beirniadu am ei diffyg crefft fel bardd ond adrodd ei
phrofiadau yr oedd hi, nid barddoni.

Bu farw'i thad yn 1803 ac yn 1804 fe briododd Ann efo
Thomas Griffiths. Mae canmol mawr ar Thomas fel dyn
crefyddol a chyhoeddwyd rhai o'i emynau. Blwyddyn yn
unig a gawson nhw efo'i gilydd. Sut flwyddyn oedd hi
tybed? Oedd hi'n caru'r gŵr ifanc, duwiol, parchus? Oedd
o'n deall y ferch oriog, synhwyrus? Ar Orffennaf y 13eg,
1805 ganed merch fach iddyn nhw a'i galw hi'n Elizabeth
ond bu farw pan oedd hi'n bythefnos oed. Bu Ann, hithau,
farw ymhen pythefnos arall. Claddwyd hi ar Awst y 12fed a

chofnodwyd hynny yn rhestr claddedigaethau eglwys Llanfihangel gan Thomas Evans y curad.

Codwyd cofgolofn iddi yn 1864 ym mynwent Llanfihangel. Casglwyd dros bedwar ugain punt o bob rhan o Gymru ac o'r tu allan. Roedd digon o arian yn weddill i fentro cynnig pumpunt yr un i Morris Davies, Bangor a'r Parchedig W. Caledfryn Williams am ysgrifennu cofiant iddi. Cyhoeddwyd *Cofiant Ann Griffiths*—cyfrol werthfawr iawn i ni heddiw—yn 1865.

Ar Awst yr 11eg, 1905 cynhaliwyd cyfarfod coffa yn Llanfyllin i ddathlu can mlwyddiant marw Ann. Aeth y cyfarfod ymlaen o fore hyd hwyr a chafwyd areithiau gan nifer helaeth o wŷr amlwg y dydd. Yn eu mysg roedd un wraig—Mrs Pritchard (Buddug) o Gaergybi, merch Gweirydd ap Rhys a chwaer Golyddan. Roedd Buddug (1842-1909) yn fardd a chyhoeddwyd cyfrol o'i gwaith. Hi oedd awdur 'O, na byddai'n haf o hyd' a 'Neges y Blodeuyn'.

Wrth feddwl am Ann alla' i'n fy myw ei galw hi'n Ann Griffiths. Ann Thomas ydy hi i mi. I Ann Thomas y perthyn yr emynau. Pam y priododd hi Thomas Griffiths tybed? Fel dihangfa, efallai? 'Does neb a all roi ateb pendant bellach. Ond mae un peth yn sicir—'Doedd hi ddim eisiau byw er ei bod hi'n wraig ifanc ac yn disgwyl plentyn. Roedd hi wedi blino ar y 'byd o amser'. Meddai mewn llythyr (nad oes ddyddiad arno) at Elizabeth Evans, Bwlch Aeddan, chwaer Ruth—

'Byddaf yn cael fy llyncu gymaint weithiau i'r pethau hyn fel yn methu yn deg a sefyll yn ffordd fy nyletswydd gyda phethau amser, ond disgwyl am yr amser i gael fy natod . . .'

Roedd arni hiraeth am gael gweld ei chariad a chael—

'Cusanu'r mab i dragwyddoldeb
Heb im gefnu arno mwy.'

Ac wrth imi ddarllen y geiriau a ganlyn yn erthygl onest John Morgan cefais gadarnhad nad fi'n unig sy'n teimlo mai bodoli a wnai Ann ym mlwyddyn olaf ei bywyd a bod y cyffro a'r gorfoledd wedi marw efo'r Ann Thomas—

'O'r braidd nad ydwyf yn meddwl iddi farw ddiwrnod ei phriodas os na fu farw yn wir cyn hynny, y dydd y gadawodd Ruth Evans Ddolwar Fechan. Beth bynnag, ni chanodd Ann byth ond hynny, ac os gwnaeth nid oedd yno yr un 'eneth o forwyn' i gofio ei chaneuon. Clustfeiniwn faint ag a fynnom, nid oes 'na llef na neb yn ateb' ac nid oedd yno ond dyn pren i'w chlywed hi, er cystal dyn ag ydoedd ef, a phan yn priodi, nid ar Ann Thomas yr oedd ef yn edrych, ond ar ferch Dolwar Fechan.'

'O, feiddgar ferch'—dyna gyfarchiad Cynan iddi yn ei gerdd *Y Santes Ann*. Felly yr hoffaf innau feddwl amdani—nid fel emynyddes sych dduwiol, yn gwgu ar bleserau'r byd, ond fel merch feiddgar, angerddol, falch yn sefyll ar wahân i'w chydnabod a'i chyfeillion, ben ac ysgwydd yn uwch na'r un ohonyn nhw. Merch oedd yn gallu teimlo'n ddwysach ac yn ddyfnach na nhw; merch oedd yn gyfuniad perffaith o'r dynol a'r duwiol. Dyna pam roedd hi'n adnabod ei Christ mor dda—

'Mae'n ddyn i gydymdeithio
  A'th wendid mawr i gyd,
Mae'n Dduw i fynnu'r orsedd
  Ar ddiafol, cnawd a byd.'

10.   ALABAINA WOOD (1778-1848)

Ychydig sydd gennym ni, fel Cymry, i'w ddweud wrth sipsiwn. Er ein bod ni'n ddigon parod i ganu 'Hei ho, hei di ho' ac i ramantu peth wrth feddwl am y bywyd rhydd, diofal, tueddu i ddirmygu'r sipsiwn y byddwn ni ac i fod yn ddrwgdybus ohonyn nhw a'u bwriadau. Ond go brin ein bod ni, er hynny, mor hallt arnyn nhw â'r Bardd Cwsg. Fel hyn y soniai ef am y sipsiwn yn y *Gweledigaethau* a gyhoeddwyd yn 1703—

'A chynta peth a welwn i yn fy ymyl dwmpath chwareu, a'r fath Gadgamlan, mewn peisiau gleision a chapiau cochion, yn dawnsio'n hoew brysur. Sefais ennyd ar fy nghyfyng gyngor awn i atynt ai peidio; oblegid ofnais yn fy ffwdan mai haid oeddynt o Sipsiwn newynllyd; ac na wnaent lai na'm lladd i i'w swper, a'm llyncu yn ddi-halen. Ond, o hir graffu, mi a'u gwelwn hwy'n well a thecach eu gwedd na'r giwed felynddu, gelwyddog honno.'

Tua 1790 roedd Twm o'r Nant, yntau, yn ei anterliwt *Pleser a Gofid* yn sôn, yn ddirmygus ddigon, am y sipsiwn—

'O, mi weles ryw sipsiwns hyd y byd
    Yn dygyd yn lled eger,
  Ac fe ddarfu'r gêr gythreulig
    Yn y Trallwm wneud tro hyllig,
 Dychrynu'r sessiwn i ffwrdd o'r Hall
  Trwy'u castie uffernol ffyrnig.'

Efallai eu bod nhw'n haeddu'r fath gondemniad. Ceir

hanes am Abraham Wood a'i hanner brawd, John, yn cael eu crogi yng Nghaerloyw yn 1737 am ladrad pen ffordd.

Er nad oes fawr o sôn am y sipsiwn yn ein llenyddiaeth ceir sawl teulu o sipsiwn Cymreig fel Ingram, Lovell ac Wood. O'r rhain, y teulu Wood ydy'r enwocaf, efallai oherwydd iddo roi nifer o delynorion dawnus i Gymru, ond yn fwyaf arbennig oherwydd ei faint. Dywedir weithiau am deulu lluosog ei fod fel 'teulu Abram Wood'. (Nid dyma'r Abraham Wood a grogwyd yn 1737. Yn chwedegau'r ddeunawfed ganrif y daeth yr Abram hwn i Gymru.) Mewn rhai mannau newidir yr enw i 'deulu Alabaina'.

Daeth Abram i gyffiniau Llanbrynmair neu i Sir y Fflint (yn ôl Robert Roberts, Y Sgolor Mawr). Roedd ef a'i deulu, yn ôl Y Sgolor, yn giwed go wyllt. Adeiladodd Abram dŷ tywyrch ar y comin ac yno y bu'r teulu am flynyddoedd. Weithiau fe fydden nhw'n gwneud basgedi ac ysgubau i'w gwerthu ond gan amlaf roedden nhw'n dibynnu ar bysgota a hela ysgyfarnogod a dwyn defaid. 'Doedden nhw byth yn cael eu dal a ph'run bynnag 'doedd neb am fentro'n rhy agos at y tŷ tywyrch.

Mae'n anodd cysoni'r darlun o wylliaid y comin efo'r darlun o Abram, yr hen bennaeth, a gafwyd gan un o'i ddisgynyddion, Saiforella Wood (Tau) yn 1900—

'Roedd o'n ddyn tal, cymharol denau, yn dywyll iawn, efo bochau cochion a cheg anarferol o fach. Byddai bob amser yn marchogaeth a hynny ar gefn ceffyl rhywiog. Gwisgai het dair cornel wedi'i haddurno â lês aur; côt silc gynffonog o liw coch neu wyrdd neu ddu; gwasgod a dail wedi'u gweithio mewn brodwaith arni; trowsus gwyn wedi'i glymu efo rhubanau cochion a thorch o rubanau ar y pengliniau; esgidiau efo byclau ac ysbardunau arian arnyn nhw; dwy fodrwy aur ac oriawr a giard aur. Hanner coron oedd pob un o fotymau'r gôt a sylltau oedd botymau'r wasgod.'

Ffidlwr oedd Abram. Wedi iddyn nhw sefydlu yng Nghymru y dysgodd y teulu ganu'r delyn. Bu Abram fyw, mae'n debyg, nes ei fod yn gant oed a marw yn y Clawdd Du, yn ymyl Llanegryn. Cafwyd cofnod ei farw yng nghofrestr bedyddiadau a chladdedigaethau plwyf Llangelynin yn Sir Feirionnydd. Roedd hynny ar Dachwedd y 12fed, 1799. O'i gyfieithu, fel Abram Woods, Eifftiwr teithiol y cyfeirir ato a dywedir i'w gorff gael ei gario ar hen elor geffyl i eglwys Llangelynin—y tro olaf, mae'n debyg, i'r elor gael ei ddefnyddio. Dewiswyd eglwys Llangelynin, yn ôl pob tebyg, oherwydd ei chysylltiadau Pabyddol.

Mab hynaf Abram oedd Valentine neu John Wood a aned tua 1742. Un o'r teulu Boswell oedd Jane ei wraig. Claddwyd Valentine dan yr enw John Abraham Woods yn Llanfihangel y Traethau ar Ebrill y 14eg, 1818. Bu Jane farw o'r frech wen, neu ryw haint arall, yn Ionawr 1825. Cafodd Jane a Valentine bump o blant a'r ail o'r rheini oedd ein Alabaina ni.

Fe'i ganed hi yn 1778. Un fechan oedd hi o ran corff, ond nid o ran personoliaeth. Gallai Albaina Bwt greu arswyd yn y dewraf o ddynion. Fe allech daeru bod ei llygaid bach duon yn gallu treiddio drwy benglog dyn.

Roedd hi'n ferch brydferth—trwyn Groegaidd, hollol syth; ceg fechan, fel ei thaid; gwallt gloywddu, braidd yn grych a chnawd melynddu. Roedd ganddi, i bob golwg, yr holl nodweddion y byddwn ni yn eu cysylltu â'r sipsi. Gwisgai glustdlysau mawr, a gleiniau am ei gwddw ac roedd ei gwisg, fel arfer, o batrwm bras coch, gwyrdd a du—hoff liwiau yr hen Abram. Roedd ei dillad hi'n llawer rhy dda i fynd i gardota ynddyn nhw. Ond nid cardotyn oedd Alabaina. Roedd hi'n ddigon parod i ddweud ffortiwn am dâl ond ni chymerai mo'r byd â derbyn cardod gan neb.

Rhoddai'r balchder yma ryw urddas arbennig ar Alabaina. Roedd hi'n ddigon cyfeillgar ac eto'n cadw hyd braich. Roedd ynddi naws gyfriniol a fyddai'n dychryn pobl. Roedden nhw'n sicir fod ganddi allu goruwchnaturiol i reibio neu swyno ac roedden nhw'n ofalus rhag ei digio hi mewn unrhyw ffordd. Hi, mae'n debyg, oedd pennaeth y llwyth ac ati hi yr âi pawb am arweiniad. Roedd hi'n wraig ddeallus a'i Chymraeg hi'n arbennig o gywir a glân. Fel eraill o'r teulu Wood roedd hi'n ymfalchïo yn ei hiaith. Roedd yn rhaid siarad yn dawel; roedd codi'r llais yn amharu ar ansawdd yr iaith. Efallai mai'r tawelwch bwriadol yma a roddai i lais Alabaina ryw naws arall fydol a oedd yn gyrru ias i lawr asgwrn cefn:

> 'Y genau sy'n erfyn am fara,
> Cwyn yr oerni drwy gydol yr haf
> Sydd ym mhen Alabaina.'

Roedd Cymraeg Alabaina a'r lleill yn bur wahanol i Gymraeg y werin ac fe wydden nhw hynny'n dda. Roedd y gwahaniaeth yn rhoi nôd arbennig arnyn nhw. Câi Alabaina ei derbyn gan deuluoedd o'r dosbarth canol—pobl snobyddlyd a chul—a gallai ddal ei thir efo nhw heb unrhyw drafferth.

Dywedir fod darlun ohoni mewn tŷ meddyg wrth ymyl Pont Llangollen. Yn y darlun mae wedi ei gwisgo mewn clôg goch at ei thraed ac mae'n eistedd ar fainc, yn amlwg yn dweud ffortiwn efo cardiau. Yn ôl Siani Wood, ei hwyres, nid oedd gan Alabaina ffydd mewn cardiau, nac yn y llaw chwaith. 'Yn dy wyneb ac nid yn dy law y mae dy ffortiwn,' meddai.

Priododd Alabaina â William Jones, ffermwr mawr, heglog o Lanengan. Dywed rhai fod Wil yn dod o deulu parchus ac iddo gael ei swyno gan Alabaina. Roedd Wil y cŵn (wedi'i alw felly am fod degau o gŵn o bob math yn ei ddilyn ar draws gwlad) yn perthyn i deulu'r Gagan neu Gangan (llysenw'r Romani arnyn nhw). 'Doedd y teulu Wood ddim yn rhy hoff o'r Gagan. Meddai Mathew Wood, mab Saiforella—

'Un drwg oedd yr hen Gagan. Petai fy nhaid yn llindagu dafad fe fyddai'r hen Gagan yn siŵr o'i fradychu o.'

Er mai byw digon ffrwydrol fu rhwng William ac Alabaina roedd yna berthynas arbennig o glos rhyngddyn nhw. Ond nid oedd fawr o groeso i'r ddau mewn rhai mannau. Byddai ambell un yn honni mai twyllo yr oedd Alabaina wrth fynnu ei bod yn gallu swyno. Roedd hi felly'n sicrhau ei ffordd ei hun gan fod y bobl gyffredin yn rhy ofnus i'w gwrthwynebu hi. Mae hanes amdani yn cymryd meddiant o un tŷ ym Mhencaenewydd ac yn troi'r wraig a'r forwyn allan. Pan ddaeth y gŵr adre cafodd Alabaina yn eistedd yn gyfforddus o flaen y tân. Gafaelodd ynddi a'i hyrddio allan o'r tŷ. Roedd Alabaina yn ei alw'n bob enw dan haul ac yn bygwth ei swyno ond ni chafodd ei ddychryn ganddi. Yn ôl pob sôn ni chafodd ei bygythiadau hi unrhyw effaith arno chwaith.

Byddai Alabaina a Wil (Wil Ffag i rai) a'u tylwyth a'u cŵn yn cymryd meddiant o ysguboriau ac ni wnai ond y dewraf o ddynion fentro eu troi allan. Mae hyn yn anodd ei gysoni â'r darlun o'r Alabaina fach fonheddig a fyddai'n cadw hyd braich ac yn edrych i lawr ei thrwyn Groegaidd ar y rhelyw o bobl. Ond mae'n debyg fod ganddi hithau, fel pob merch, ddogn helaeth o'r sbeis yn ogystal â'r siwgwr.

Un tro, roedd Jeremeia, y telynor, wedi'i alw i helpu Alabaina a rhyw swynwr di-enw i ddenu'r tylwyth teg i gylch mewn cae arbennig. Pan oedd pobman yn dawel ac Alabaina wrthi'n gwneud defnydd o'i gallu goruwchnaturiol i alw'r bobl fach ati, rhuthrodd William i'r cae dan weiddi—

'Wel, lle mae'r tylwyth teg melltigedig 'na?'

A dyna ddiwedd ar y swyno am un diwrnod o leiaf.

Un gwyllt ac anffyddlon oedd William. Byddai Alabaina'n dweud wrtho—

'Wil, rwyt ti'n ffals; rwyt ti'n caru dynes arall ac yn fuan rwân fe fyddi di'n fy ngadael i ac yn hel dy draed efo'r ddynes arall 'ma.'

Deuai proffwydoliaeth Alabaina yn wir, dro ar ôl tro. Âi William i ffwrdd a'i gadael am fisoedd weithiau ond âi a Bet, y ferch hynaf, efo fo bob tro. Ymhen amser byddai'n dychwelyd, efo pymtheg i ugain o gŵn wrth ei sodlau, yn edrych i ddyfnderoedd y llygaid duon bach ac yn dweud, yn syml—

'Alabaina, rydw i'n ôl.'

Er nad oedd William ond un ar hugain oed pan briododd efo Alabaina, hi oedd ei ail wraig. Ac wedi iddi hi farw yn 1848 fe briododd William am y trydydd tro. Ond Alabaina oedd ei gariad, a'i ddymuniad olaf oedd am gael ei gladdu efo hi ym mynwent Llanbeblig.

'Ro'n i'n i charu hi'n fwy nag o'n i'n caru Iesu Grist,' meddai.

Fe gawson nhw bump o blant ond bu'r ferch, Nutty, bach y nyth, farw yn bedair oed. Roedd gan y gweddill rhyngddyn nhw un ar hugain o blant—digon i sicrhau parhad yr hîl.

Roedd Dick Alabaina yn enwog am ei goesau tenau a'i lygaid croesion—cyw bach hyll yr Alabaina brydferth. Cafodd Dick druan beth trafferth efo'i wraig, Eleanor. Rhedodd hi i ffwrdd efo John Roberts, y telynor o Lanrhaeadr, Dinbych a gadael Hannah, eu merch bum mis oed, ym mreichiau Dick. Priododd Eleanor â John Roberts yn 1836. Aeth Ned Alabaina yn heliwr i Syr Lovedon Price o Blas Gogerddan a phriododd Hannah Herron, sipsi Seisnig. Roedd yr Hannah yma yn wraig ryfeddol iawn a phan fu farw ei phlentyn cyntaf magodd bâr o waedgwn ifanc gan roi sugn iddyn nhw fel pe baen nhw'n blant.

Roedd gan Alabaina chwaer hynod hefyd. Galwyd hi yn Elen Ddu neu Neli Ddall ac er iddi golli ei golwg yn gynnar roedd hi'n wniadreg ddawnus. Byddai'n ymfalchïo'n fawr yn ei gwallt a'i gwisg. Gwnai fywoliaeth gysurus drwy werthu ffiolau caru, melltithion, swynion, dewiniaeth a moddion i wella clwy'r brenin. Deuai adref o'i chrwydriadau â llond ei basged o aur ac arian.

Bu Alabaina farw yn Tanrallt, Caernarfon ar Awst y 23ain, 1848. Claddwyd hi yn Llanbeblig. Bu galaru mawr a didwyll, ond di-ddagrau, amdani ymysg ei thylwyth. Crêd y sipsiwn fod wylo a chwynfan yn aflonyddu ar gwsg y meirw. Eu ffarwel olaf nhw iddi oedd 'Te soves misto' (Bydded iti gysgu'n braf). Mae'n debyg iddyn nhw, yn ôl eu harfer, ddangos eu serch tuag ati drwy roi'r gorau i fwyta ei hoff fwyd hi. Meddai Saiforella yn 1900 wrth sôn am un o'i rhieni—

''Dydw i ddim wedi cyffwrdd pysgodyn er pan fuo'r hen greadur/es a minnau yn ei fwyta efo'n gilydd i ginio. Dyna'n ffordd ni, wyddoch chi.'

Mae'n debyg iddyn nhw, hefyd, losgi ei holl eiddo. Ni chaniateid i neb ddefnyddio eiddo'r marw gan ei fod yn aflan. Mae hanes i Saiforella, wedi i Henry Wood, ei gŵr, farw ym Mhenrhyndeudraeth falu ei delyn yn chwilfriw, llosgi ei ddillad a thaflu ei holl eiddo i'r foryd. Pan aed â llwch y Dr John Sampson (y Romano Rai a chyfaill mawr y sipsiwn) i'w wasgar ar lethrau'r Foel Goch uwchben Llangwm cadwyd at y traddodiad drwy losgi'r blwch derw du oedd yn dal y llwch.

Dichon fod marw Alabaina yn rhyddhád i amryw o'r bobl gyffredin oedd yn arswydo rhag ei gallu goruwchnaturiol hi, os oedd o'n golled i'w thylwyth. Ond mae un peth yn sicir—mae i Alabaina Bwt le anrhydeddus yn hanes y sipsiwn Cymreig.

11.   BETSI CADWALADR (1789-1860)

Er mor hoff oedd Hester Lynch o grwydro 'doedd hi ddim
ynddi â'r arch-grwydwraig, Elizabeth Davies, neu Betsi Pen
Rhiw. Cychwynnodd Betsi ar ei chrwydriadau pan nad oedd
ond pedair ar ddeg oed. Yn Y Bala yr oedd hi pan
sylweddolodd yn sydyn un nos Sul ei bod yn bryd iddi
symud allan os oedd hi am weld y byd. Paciodd ei dillad,
taflodd y pecyn drwy'r ffenestr, a neidiodd hithau allan ar
ei ôl. Aeth cyn belled â Chaer, ac i dŷ ei modryb yno. Roedd
hynny'n gamgymeriad. Rhoddodd ei modryb ddwy bunt a
hanner iddi a'i siarsio i ddychwelyd adref. Ond i lawr i'r cei
yr aeth Betsi a mynd ar gwch i Lerpwl. Yn y ddinas honno y
bu wedyn ac oddi yno y cychwynnodd i'w theithiau.

Roedd Betsi'n un o deulu mawr. O'r un ar bymtheg o
blant ni chofiai ond dau neu dri ohonynt. 'Doedd yna fawr o
gariad rhyngddi hi a'i chwaer hŷn, Gwenllian. ''Doedd hi
ddim yn fy neall i,' meddai Betsi. Ac roedd tipyn o waith
deall ar y fechan fywiog na allai ddygymod â bywyd araf, di-
gynnwrf Pen Rhiw. Yno y ganed hi, yng ngolwg Aran
Benllyn a Llyn Tegid. Yno, pan nad oedd Betsi ond tua
pump oed, y bu farw'i mam. Fel yn hanes Ann Thomas,
Dolwar, roedd yna berthynas arbennig rhwng y fam a'r
ferch. Fe sigwyd Betsi'n llwyr pan fu farw'i mam a byddai'n
o druenus arni oni bai am ei chyfaill, Thomas Charles o'r
Bala. Siars olaf y fam i'w gŵr oedd ar iddo beidio 'plygu
ysbryd Betsi.' Cadwodd yntau hynny mewn cof a bu'n
amyneddgar iawn efo hi.

Roedd Dafydd Cadwaladr, y tad, yn ddyn sobor a duwiol
a byddai'n teithio drwy Gymru gyfan i bregethu. Âi allan o

Gymru hefyd a cheir hanes amdano'n cerdded ddwywaith, yn ôl a blaen o'r Bala i Lundain. Roedd Dafydd hefyd yn Fethodist rhonc ac yn gwgu ar bleserau gwag ei gyfnod. Roedd Betsi yn ei helfen yn dringo coed ac yn marchogaeth efo'r bechgyn. Rhoddai hynny gyfle i'w dychymyg byw a'i hysbryd anturus hi. Roedd hi'n hoff o gynulleidfa. Cai aml i chwecheiniog, meddai, am ollwng ei gwallt du, trwchus i lawr dros ei hysgwyddau. Un tro cafodd bumpunt gan foneddwr am ei ddifyrru efo cyfres o driciau, yn cynnwys cyffwrdd ei gwar â'i sawdl. Roedd hi, fel Ann, yn hoff o ddawnsio a threuliai oriau yng nghwmni Siôn y ffidler. Dysgodd Siôn hi i ddawnsio'r jig a'r miniwet a dawns y môr. Unwaith, cafodd gweir gan ei chwaer oherwydd iddi glywed fod Betsi'n mynd i ddawnsio i'r Bala. Pan holodd ei thad hi pam yr aethai yno, meddai Betsi—

'Fedrwn i ddim peidio. Roedd y telynau yno ac roedd cosfa yn fy nhraed i.'

Un ddi-ofn a fu Betsi erioed. Roedd hi'n cael ei thrin yn o arw gan yr athro yn yr ysgol yn Y Bala. Byddai'n pigo arni dro ar ôl tro, ac un diwrnod taflodd ei ffon ati. Daliodd Betsi'r ffon a'i thaflu'n ôl at yr athro. Caewyd hi yn seler lo yr ysgol—'y twll du' fel y galwai Betsi'r lle. Bu yno am rai oriau. Gyda'r nos, roedd cyfarfod crefyddol yn yr ysgol. Clywodd un o'r cwmni ganu'n dod o'r seler ac aeth yno, ond gwrthodai Betsi ddod allan nes y deuai'r athro ei hun i gynnig rhyddid iddi. Roedd addysg yr ysgol yn gyfangwbl yn Gymraeg ond byddai'r hen Jones weithiau'n rhoi gwers a alwai yn 'geiniogwerth o Saesneg'. Byddai'n rhaid i'r plant dalu ceiniog yr un am y wers honno.

Yn naw oed cawsai Betsi ddigon ar Ben Rhiw a gadawodd ei chartref. I Blas yn Dre, Y Bala, yr aeth hi, at y Parchedig Lloyd, meistr tir Dafydd Cadwaladr. Yno fe'i dysgwyd hi i wnio, coginio, golchi a smwddio. Gofalodd Mrs Lloyd ei bod hi'n hyddysg hefyd mewn pethau mwy diwylliedig, fel darllen ac ysgrifennu a chwarae'r delyn. Ym Mhlas yn Dre y dysgodd hi siarad Saesneg. Bu yno am bum mlynedd. Yna'n hollol ddi-rybudd, y nos Sul honno, daeth yr ysfa drosti ac i ffwrdd â hi.

Fel Betsi Pen Rhiw yr aeth i chwilio am ei chefnder yn Stryd Brisbane, Lerpwl. Ond yn fuan iawn Elizabeth Davies oedd hi. Roedd Elizabeth Cadwaladr yn ormod o lond ceg i'r Saeson, meddai hi. Roedd ei chefnder i ffwrdd yn India'r Gorllewin ac ni allai Betsi oddef ei wraig. Gadawodd Stryd Brisbane a chael lle'n forwyn.

Roedd ei meistres yn un galed a chreulon, yn ei gweithio'n ddi-drugaredd o fore hyd hwyr—ni chai ond pedair awr o orffwys—a byddai'n rhoi aml i gweir i Betsi. Ond un diwrnod trodd Betsi arni a'i chweirio hi. Er i hyn sobri'r feistres a pheri iddi addo pethau mawr i Betsi roedd yr eneth yn benderfynol o adael y tŷ. Daeth yr union gyfle—cafodd wahoddiad gan ddwy wraig a ai heibio i'r tŷ un bore pan oedd Betsi yn ei dagrau wrthi'n sgrwbio cerrig y ffrynt, i ymweld â chartref Syr George a'i wraig, i geisio lle'n forwyn. Derbyniodd Betsi'r gwahoddiad yn eiddgar. Roedd Syr George wedi priodi tywysoges o India'r Gorllewin. Daeth brawd y dywysoges i ymweld â'r teulu a chymryd ffansi at Betsi. Roedd ganddo, meddai hi, bedwar dwsin o enwau, fel y gweddai i un a oedd yn berchen ar dir ac eiddo ym Madras. Ond roedd gan Betsi ei ofn a phan ofynnodd iddi ei briodi gwrthododd yn bendant.

Er bod gan Betsi ysbryd gwrthryfelgar roedd egwyddorion Dafydd Cadwaladr a Thomas Charles wedi eu plannu'n o ddwfn ynddi a chai'r pregethau a glywai yn y capel Cymraeg argraff neilltuol arni. Credai fod pregeth John Elias ar y testun—'Da yw i ddyn gario iau ei ieuenctid' Galarnad 3, 27 yn addas iawn yn ei hachos hi. Meddai—

'Drwy gydol fy mhlentyndod a'm hieuenctid cynnar roeddwn i'n coleddu syniad uchel iawn o'm daioni fy hun ac roeddwn i'n eithriadol falch o'm onestrwydd a'm geirwirder.'

Aeth i'r Alban efo teulu Syr George. Tra'n aros yng nghartref y teulu ar lan y Clyde cymerodd geffyl heb ganiatád ac aeth i ddilyn yr helfa. Cynhyrfodd y ceffyl drwyddo pan glywodd sŵn yr helgwn yn y pellter a charlamodd yn ddi-stop o unarddeg y bore hyd bedwar y prynhawn gan gario Betsi dros fynydd a dôl a thrwy ddrain a mieri. Cyrhaeddodd yn ôl a'i dillad marchogaeth—dillad ei meistres—a gymerodd heb ganiatád, fel y ceffyl, yn gyrbibion. Ond cafodd faddeuant eitha parod, meddai hi. Yng Nghaeredin aeth i weld Sarah Siddons yn actio. Byddai'n dda ganddi, meddai, petai hi mor olygus ac urddasol â Sarah. Yn Glasgow cafodd gynnig arall i briodi, y tro yma gan ŵr o'r enw Charles Mackenzie a oedd yn bartner mewn busnes llewyrchus efo'i dad a'i frawd. Ond 'doedd ganddi ddim digon i'w ddweud wrth Charles chwaith.

Wedi ymweld â'r Iwerddon dychwelodd Betsi efo'r teulu i Lerpwl. Bu pethau'n gymharol dawel am sbel. Yna, un nos Sul, yng nghartref rhai o'i ffrindiau, cyfarfu Betsi â Chapten Harris o Sir Benfro. Dotiodd ef at Betsi a'r tro yma roedd hithau wedi ei rhwydo. Dywedodd Capten Harris iddo freuddwydio amdani saith mlynedd ynghynt, yn Rwsia. Ac meddai Betsi yn ei hunangofiant (a ysgrifennwyd, gyda llaw, gan Jane Williams—Ysgafell)—

'Dyna'r Capten yn crybwyll union amser y freuddwyd ac mi wyddwn mai honno oedd y noson y gwelais innau ef mewn breuddwyd, pan oeddwn yn blentyn.'

Dychwelodd Capten Harris i India'r Gorllewin ac aeth Betsi efo'r teulu i Baris, ac yna i Trieste a Naples. Gwelodd faes Waterloo wedi'r frwydr fawr, yn un cybolfa o gyrff a gwelodd y Napoleon ifanc yn Vienna.

Yna, wedi iddi ddychwel i Lerpwl, daeth Capten Harris ati a gofyn iddi ei briodi. Cytunodd hithau. Prynodd y Capten dŷ a'i ddodrefnu. Paentiwyd darluniau o'r ddau mewn olew ar gyfer eu cartref newydd. Mae'n ddirgelwch sut y gallodd hi gadw hyn i gyd yn gyfrinach ond taerai Betsi na wyddai neb am y garwriaeth. Roedd ganddi deimlad, meddai, y byddai rhywbeth yn mynd o'i le.

Ddeuddydd cyn y briodas aeth i'r dociau i gyfarfod â llong Capten Harris, y *Perseverance,* a oedd i ddychwelyd o Fryste. 'Doedd dim golwg o'r llong a bu'n rhaid i Betsi droi i ffwrdd yn siomedig. Ar ei ffordd adref galwodd mewn siop gyfarwydd i brynu te ac yno, wrth iddi aros ei thwrn, digwyddodd godi papur newydd oddi ar y cownter. Ar y dudalen flaen, mewn llythrennau breision, roedd hanes y llong *Perseverance.* Roedd hi wedi taro'r Graig Ddu mewn niwl ac roedd y criw, ar wahán i un bachgen, wedi boddi. Llewygodd Betsi ac am sbel ni wyddai neb beth oedd wedi ei chynhyrfu hi. Wedi iddi ddod ati ei hun ac adrodd yr hanes ceisiodd Syr George a'i deulu ei pherswadio i fynd efo nhw i India'r Gorllewin, nid ar ymweliad y tro yma, ond i aros. Roedd y tywysog, brawd yng nghyfraith Syr George, wedi marw ac wedi gadael eiddo helaeth i'r teulu. Ond daeth y newydd i glustiau Dafydd Cadwaladr a cherddodd yr holl ffordd o'r Bala i Lerpwl i geisio rhwystro Betsi rhag mynd efo'r teulu. Roedd ganddo, meddai, un ferch yn yr India ac ni ddeuai byth air oddi wrthi. Nid oedd am golli merch arall. Er mawr siom i Betsi gwrthododd Syr George fynd â hi yn groes i ddymuniad ei thad.

Dychwelodd i'r Bala efo'i thad, ond ni fynnai aros yno. Penderfynodd fynd i Gaer ac oddi yno i Lundain. Meddai—

'Roeddwn i o 'mhlentyndod mor nwyfus fel bod fy nhad a'i gyfeillion duwiol yn ofni yr awn i helbul. Deuthum yn fwy meddylgar a chyson wedi marw Harris.'

Yng Nghaer bu helynt enbyd, meddai hi, rhyngddi â rhyw ŵr a oedd am ei phriodi hi. Cynigiodd ei modryb bum cant o bunnau iddi am ei briodi ond pan ddywedodd wrthi—'Fi fydd eich meistr mewn deuddydd'—rhoddodd ŵth iddo i lawr llechwedd serth a dihangodd o'i afael i Lundain at gefnder iddi a'i wraig. Gan nad oedd fawr o groeso iddi yno gadawodd y tŷ yn ddi-rybudd. Bu'n crwydro'n hir cyn taro ar gapel Cymraeg. Yno cyfarfu â hen gyfaill iddi, y meddyg David Charles. Aeth ef â hi i dafarn y *Kings Head* a chafodd groeso da a phryd helaeth gan Jac Glan y Gors, ceidwad y dafarn. Gofalodd y meddyg amdani nes iddi gael lle i weini. Roedd meistres y tŷ hwnnw yn dueddol o ymyrryd â gwaith y forwyn. Un diwrnod gadawodd Betsi hi'n y gegin ac aeth hithau i eistedd yng nghadair y feistres yn yr ystafell fwyta.

Ond daeth yr ysfa drosti eto a phan glywodd fod teulu o Lundain ar gychwyn am India'r Gorllewin a'u bod yn chwilio am forwyn cynigiodd ei gwasanaeth ar unwaith. Gofalu am fab bach y Capten—Orlando Furioso Stanislaus Francescal Sydney—oedd ei gwaith hi. Galwodd y llong yn ynys Jamaica ac yna hwyliodd ymlaen i Demerara, i Havanna a Thrinidad. Pan ddychwelodd Betsi i Lundain, wedi misoedd yn yr haul, a syllu arni ei hun mewn drych, synnodd yn fawr o weld 'peth mor hyll'. Ond roedd pobl, meddai, yn troi i syllu arni ar y stryd ac yn holi tybed pwy oedd yr estrones hardd.

Wedi iddi gymryd tro i Gymru i weld ei thad cychwynnodd am Awstralia efo'r Capten Foreman a'i deulu ar y llong *Denmark Hill*. Betsi oedd yn gyfrifol am y bwyd a'r cabanau i ddau gant o deithwyr. Bu storm ddychrynllyd ym Mae Biscay ac oni bai am ymateb sydyn Betsi yn gollwng rhaffau'r hwyliau byddai wedi darfod ar y llong a'i theithwyr. Mewn storm arall bu'n rhaid i'r *Denmark Hill* dderbyn dros bedwar cant o deithwyr oddi ar y llong *Thetis* ac ar ysgwyddau Betsi y syrthiodd y cyfrifoldeb o wneud y trefniadau ar eu cyfer.

Cafodd sawl antur yn ystod y fordaith. Bu ond y dim iddi a cholli ei bywyd yn Sydney wedi iddi daro ei throed yn erbyn deilen wenwynig. Bu'n marchogaeth camelod ac eliffantod yn Singapore ac yn hela cangarŵ ac yn mwynhau cawl ei gynffon yn Hobart. Yn Calcutta, treuliodd beth amser yng nghwmni gwraig o'r enw Mrs Nelson heb wybod dim ei bod yn chwaer iddi. Cyfarfu â'r cenhadwr, Dr William Carey, a bu'n ciniawa efo'r Esgob Heber. Roedd yr esgob wedi dotio pan ddeallodd mai tad Betsi oedd awdur y farwnad i Thomas Charles a gallai ddyfynnu rhannau helaeth ohoni.

Yn Canton ymwelodd Betsi â harem yr ymherawdr. Cafodd anrheg gan yr hen dywysoges a diolchodd yn Gymraeg amdano. Pan ar ymweliad ag ynys Georgia cyfarfu â John Davies, Pendugwm, un o gyfeillion Ann Thomas, Dolwar. Cyflwynodd yntau hi i frenin yr ynys. Roedd wedi addo mynd â'r brenin adref efo fo pan ddeuai hwnnw i oed a'i gyflwyno i'w 'frawd' George, brenin Lloegr.

Bu Betsi mewn helynt sobor yn Rio a bu ond y dim iddi a chael ei gorfodi i briodi Mr Barbosa, gŵr parchus a chefnog. Aed â hi mewn cerbyd i eglwys Brotestanaidd y tu allan i'r ddinas heb yn wybod iddi. Roedd tyrfa wrth yr eglwys, yn aros i fod yn dystion o briodas Betsi a Barbosa. Ond dihangodd Betsi i'r dyrfa a'i heglu hi'n ôl am y llong. Roedd Barbosa, yn ôl tystiolaeth Betsi ei hun, yn ŵr golygus a chwrtais ac roedd o wedi prynu gwisg wen sidan yn barod iddi ar gyfer y briodas. Ond roedd yn gas ganddi feddwl am briodi neb a gwrthododd Barbosa yn bendant iawn pan ddaeth ar ei gofyn wedyn.

Wedi blynyddoedd o deithio dychwelodd Betsi i Lundain. Cafodd fod ei thad wedi marw ers rhai misoedd. Bu'n ddigon anffodus i golli'r arian yr oedd hi wedi eu cynilo'n ddarbodus ar hyd y blynyddoedd oherwydd iddi, ymysg eraill, gael ei pherswadio gan ryw ddyn i brynu tai yn Llundain. Gadawodd yntau'r wlad ac aeth ag arian Betsi a'r lleill i'w ganlyn. Roedd hi a gwraig Capten Foreman wedi bwriadu prynu sgwner efo'u harian a'i galw yn Eliza Elizabeth. Ond chwalwyd y breuddwyd hwnnw'n deilchion a bu'n rhaid iddi fynd yn ôl i weini.

Cafodd le yn nhŷ cyfreithiwr a bu'n ei wasanaeth am

flynyddoedd. Oherwydd iddi ofalu amdano'n dyner yn ei waeledd addawodd adael y cyfan o'i eiddo iddi. Nid oedd yr un o'i deulu, meddai, wedi holi na phryderu dim yn ei gylch. Ond pan fu'r cyfreithiwr farw disgynodd aelodau'r teulu fel adar corff ar Betsi ac yn llo'r pedair mil y flwyddyn a ddisgwyliai fe'i gadawyd hi heb .

Penderfynodd, yn sydyn, yr hoffai fynd yn nyrs a threuliodd flwyddyn yn Ysbyty Guy's yn Llundain. Bu'n gweithio'n ddygn, fel nyrs breifat, am flynyddoedd a gwnai ei chartref efo'i chwaer Bridget. Yna, un diwrnod gwelodd hanes brwydr Alma yn y papur. Yr eiliad nesaf roedd hi'n sôn yn frwdfrydig wrth Bridget am ei bwriad o fynd i'r Crimea i nyrsio. Ceisiodd Bridget ei pherswadio ei bod hi'n rhy hen i fentro i le felly ond roedd Betsi mor benderfynol ystyfnig ag arfer.

Ym mis Rhagfyr 1854 roedd hi'n cychwyn am y Crimea yn un o griw o ferched o dan ofal Mary Stanley. Roedd Florence Nightingale wedi gadael am y Crimea ym mis Medi ac roedd hi'n amharod iawn i dderbyn criw Mary Stanley. Roedd y rhan fwyaf ohonyn nhw'n hollol anaddas i'r gwaith yn ei barn hi. Anfonwyd Betsi a'r lleill i Therapia a threuliai Betsi ei hamser yn taclu dillad. Gan mai wedi mynd allan i weini ar y cleifion yr oedd hi mynnodd Betsi, yn groes i ddymuniad Florence Nightingale, fynd i'r Crimea. Bu ffrae egar rhwng y ddwy a mynnai Miss Nightingale ei bod hi'n mynd i'r Crimea ar ei liwt ei hun. Bu Betsi'n feirniadol iawn o wraig y lamp ac yn ei chyhuddo o ddefnyddio'r Gronfa Roddion i'w phwrpas ei hun. Roedd hi, meddai, yn mwynhau pryd tri chwrs y dydd tra oedd y merched eraill yn hanner llwgu. Roedd Betsi wedi penderfynu pan glywodd enw Florence Nightingale, cyn iddi erioed ei chyfarfod, na fyddai ganddi ddim i'w ddweud wrthi.

Yn yr ysbyty yn Balaclava llwyddodd Betsi i gael peth awdurdod yn ei dwylo ei hun a gwnaeth, meddai, drefn allan o anhrefn mewn byr amser. Llwyddodd i ennyn cydymdeimlad a chefnogaeth yr Arglwydd Raglan. Gwelodd ddioddef enbyd ond er ei bod hi'n gallu tosturio ni adawai i'w theimladau ei rheoli. Bu'r profiad a gawsai ar fwrdd y *Denmark Hill* o fudd mawr iddi ac roedd hi yn ei helfen yn trefnu ac yn rheoli. 'Does ryfedd iddi fynd yn ffrwgwd rhyngddi â Florence Nightingale pan ymwelodd honno â Balaclava. Ychydig o groeso a gafodd gan Betsi—roedd hi'n rhy brysur, meddai, i ddal pen rheswm â hi. Er bod gan Florence Nightingale gryn feddwl o allu Betsi fe'i hystyriai hi'n berson peryglus gan ei bod hi mor barod i gymryd awdurdod i'w dwylo ei hun. Roedd Florence Nightingale, hithau, yn gyndyn o ollwng unrhyw awdurdod o'i dwylo. Ymwelodd Miss Nightingale â Balaclava ddwywaith a gwnaeth Betsi'n ddigon plaen nad oedd ei hangen yno. Gwrthododd dderbyn ei chyflog ganddi gan nad oedd, meddai, o dan ei hawdurdod hi.

Yn ogystal â bod yn llygad dyst o'r dioddef mawr roedd Betsi ei hunan yn gorfod dioddef ond roedd ei gofal am eraill yn gorbwyso ei hanghysur personol hi—y gwely gwlyb, y llygod mawr a'r diffyg cwsg.

Er ei bod hi'n gyndyn o ildio bu'n rhaid iddi o'r diwedd adael y Crimea ar orchymyn y meddyg. Cynigiodd Florence Nightingale dalu ei chostau fel y câi gyfnod o orffwys. Tybed ai o garedigrwydd ei chalon y cynigiodd dalu'r costau ynteu gweld cyfle yr oedd hi i gael gwared â'r un a oedd yn bygwth ei hawdurdod a'i safle hi. Beth bynnag am hynny, dewis Betsi oedd cael dychwel adref. Roedd hi'n arswydo rhag marw mewn gwlad estron. I Lundain yr aeth hi, ac at ei chwaer. Ni cheir fawr o'i hanes wedi iddi ddychwelyd i Loegr ond credir iddi orfod treulio'i blynyddoedd olaf mewn gwendid a thlodi mawr. Fe'i claddwyd hi yn Llundain ar yr eilfed ar bymtheg o Orffennaf, 1860 ym mynwent Abney Park (yr un fynwent â Henry Richard a Megan Watts Hughes).

Mae'n amhosibl profi erbyn hyn pa mor gywir oedd ensyniadau Betsi yn erbyn Florence Nightingale. Rhaid derbyn sawl peth yn nwy gyfrol ei hunangofiant efo pinsiad o halen. Ond mae un peth yn sicir—ni chafodd Betsi Cadwaladr hanner digon o sylw. Fe'i cadwyd hi yn y cysgodion ar draul rhoi Florence yn y golau. Haerai Betsi fod y Saesnes gefnog yn treulio'r rhan fwyaf o'i hamser yn llythyru ac yn trefnu tra oedd hi a'r lleill yn gofalu am y cleifion. Ond mae'r darlun o'r wraig â'r lamp wedi ei argraffu'n ddwfn ar ein meddyliau ni a Florence Nightingale wedi ennill anfarwoldeb. Siawns, er hynny, na allwn ni roi peth o'r clod, o leiaf, i'r ferch o'r Bala a aeth allan i'r Crimea yn drigain oed a threulio un mis ar ddeg yno dan amgylchiadau anodd ac enbydus—y ferch ddewr, ystyfnig na lwyddodd neb na dim i dorri ei hysbryd.

12.   ARGLWYDDES LLANOFER (1802-1896)

Mae i'r enw Llanofer swyn arbennig i ni'r Cymry, a
hynny'n fwyaf neilltuol oherwydd ei gysylltiadau rhamantus
â chân a dawns. Yno, mewn rhan o'r llys a elwid Y Tŷ
Uchaf, y ganed Augusta Waddington ar Fawrth yr 21ain,
1802. Bu'r gwŷr amlwg arferai ymweld â Chwrt Derllys yn
foddion i danio diddordeb y Bridget ifanc mewn addysg a
chrefydd. Ganrif yn ddiweddarach denwyd Augusta gan y
cwmni o lenorion a beirdd a cherddorion fyddai'n lletya yn
Llanofer.

Cred rhai mai ychydig o Gymraeg a arferid ar yr aelwyd
ac mai prin oedd gwybodaeth Augusta o'r iaith ond mae
eraill yn honni bod y teulu'n darllen newyddiaduron a
chyfnodolion Cymraeg yn rheolaidd a bod Augusta yn gallu
siarad Cymraeg yn rhugl er pan oedd hi'n ddim o beth. Ond
ymddengys na chafodd fawr o gefnogaeth i ddysgu Cymraeg
gan ei rhieni a'i chwiorydd hynaf. Crechwen wnaethon nhw
pan roddodd Augusta enwau Cymraeg i'w hanifeiliaid
anwes. Ond yn 1824 llwyddodd i berswadio'i rhieni i
ysgrifennu Llanover gyda'r ll yn hytrach na Lanover (er bod
y v, wrth gwrs, yn aros.)

Mae hanes am Augusta allan yn marchogaeth efo un o'r
gweision a hwnnw'n dweud yn ddigon gwawdlyd, wrth syllu
ar ddyffryn prydferth yr afon Wysg—

'Deugain mlynedd eto ac fe fydd y Gymraeg wedi
diflannu o'r wlad yma.'

Ond meddai Augusta—

'Os bydda i byw ddeugain mlynedd o rŵan mi fydd yr
iaith Gymraeg yma hefyd.'

Pa un ai ydy'r stori'n wir ai peidio fe wireddwyd y broffwydoliaeth. Cyfrinach llwyddiant Augusta Waddington oedd y parch a goleddai tuag at Gymru a'r Gymraeg. Er iddi gael ei chondemnio'n hallt o dro i dro rhoddodd y pwyslais drwy gydol ei hoes ar gadw urddas Cymru a cheisiodd, yn ôl ei argyhoeddiad ei hun, gyflwyno pethau gorau'r genedl a'r iaith i'r Cymry eu hunain ac i rai o'r tu allan.

Cafodd ei magu mewn digonedd. Ei theulu oedd perchnogion ystâd Llanofer, Sir Fynwy, a hi oedd yr aeres ffodus. Pan briododd â Benjamin Hall yn 1823 daeth ychwaneg o gyfoeth ac eiddo i'w rhan ac unwyd ystâd Llanofer ag ystâd gyfagos Abercarn. Roedd cysylltiad agos rhwng teulu Llanofer a'r teulu brenhinol ac roedd Benjamin Hall yn ŵr blaenllaw yn Llundain. Bu'n Llywydd y Bwrdd Iechyd ac yn Brif Gomisiynwr Gwaith. Pan ddaliai swydd y Comisiynwr gwnaed cloc mawr Westminster a'i alw'n 'Big Ben'. Cafodd Benjamin Hall y teitl o Farwn Llanofer yn 1859. Ond er iddo gael ei anfarwoli yn enw'r cloc, ei wraig sy'n haeddu'r lle blaenaf, yn hanes Cymru o leiaf.

Haerai ei chwaer, y Farwnes Bunsen, fod Augusta wedi ei thrwytho ei hun yn llenyddiaeth Cymru yn gynnar ar ei bywyd ac nad oedd wirionedd yn yr honiad mai Thomas Price (Carnhuanawc) a fu'n foddion i danio ei diddordeb yng Nghymru gyda'i anerchiad ysgubol yn Eisteddfod Aberhonddu yn 1826. Ond efallai mai yn yr Eisteddfod honno y cafodd hi'r sbardun i droi'r diddordeb yn waith ymarferol. Haerai Frances mai ôl dylanwad gwraig o'r enw Lady Coffin Greenly, un o aelodau cyntaf Cymreigyddion y Fenni, oedd ar Augusta. Gwnaeth Lady Greenly o Swydd Henffordd beth wmbredd i hyrwyddo iaith a llên ac, yn arbennig, cerddoriaeth Cymru. Roedd hi'n un o noddwyr Iolo Morgannwg a dywedir ei bod hi'n siarad Cymraeg perffaith.

Ni fynnai Frances ddim i'w wneud â Chymru. Fel Saesnes

y meddyliai amdani ei hun ac nid oedd ganddi fawr o gariad tuag at Llanofer chwaith. Fodd bynnag, llwyddodd ei gŵr o Almaenwr, Christian Carl Josiah Bunsen, i ddangos iddi mor bwysig oedd y Gymraeg mewn ieithyddiaeth.

Ond pa ddylanwad bynnag a fu ar Augusta roedd hi erbyn Eisteddfod Caerdydd 1834 yn ddigon hyderus i gystadlu ar draethawd ar Yr Iaith Gymraeg. Iddi hi yr aeth y wobr. Ceir sôn amdani'n derbyn y fodrwy gan yr Arglwydd Bute. Yno hefyd y cafodd hi'r teitl Gwenynen Gwent—teitl a roddai foddhad mawr iddi. Roedd y frenhines Victoria a'i mam yn bresennol yn yr Eisteddfod honno a dichon i'r frenhines, hithau, gael ei phlesio oherwydd llwyddiant ei chyfeilles. Mae'n ddiddorol sylwi i'r ail wobr yn y gystadleuaeth fynd i Llwydlaes—Lady Coffin Greenly.

O hynny ymlaen ni fu pall ar frwdfrydedd Augusta ynglŷn â phopeth Cymreig. Safodd yn ddewr sawl tro yn erbyn y rhai a'i gwawdiai oherwydd hynny. Honnai rhai nad oedd hi'n ddim ond gwraig benwan na wyddai beth i'w wneud â'i harian; credai eraill nad oedd yn llawn llathen a hynny, mae'n debyg, oherwydd ei bod hi i raddau helaeth o flaen ei hoes. Yn anffodus i'r Arglwyddes ceir darluniau anffafriol iawn ohoni gan rai na wydden nhw fawr ddim amdani. Nid oedd Herbert M. Vaughan (The South Wales Squires) erioed wedi'i chyfarfod. Drwy lygaid Sais y gwelodd Augustus Hare hi a thestun sbort oedd ei hynodrwydd iddo. Yn ffodus i'r Arglwyddes, cafwyd yn llythyrau a dyddiaduron ei chyfeillion a thri o'i gweithwyr gywirach darlun ohoni a thrwy'r rhain fe'i gwelir fel un hael ei nawdd a chynnes ei chalon.

Ym mis Medi 1837 dechreuodd Augusta a Benjamin Hall ar y gwaith o ffurfio cymdeithas batriarchaidd yn Llanofer. Roedd hyn yn rhannol oherwydd hoffter Augusta o'r hen draddodiadau Cymreig ac yn rhannol oherwydd yr argraff a gafodd Robert Owen ar Benjamin Hall pan ymwelodd â Lanark. Bwriad Hall oedd dilyn cynllun Robert Owen gan ei addasu i gylch amaethyddol a'i osod mewn cefndir Cymreig. Ar y cyfan ceir gair da i Augusta. Nid meistres mohoni, medd un hanesydd. Beth, felly? Un o'r genod? Na, yr Arglwyddes oedd hi, yn sicir, yn rhannu parseli i'w thenantiaid ar y Nadolig ac yn cyflwyno gwobrau i blant bach y cylch. Pan fynychai eglwys Llanofer codai pawb fel y cerddai hi i mewn ac allan. Ond beth bynnag am hynny, roedd y gweision a'r morynion yn ddigon bodlon, yn arbennig pan ddeuai'r Nadolig a'r Calan yn eu holl rwysg i Lanofer.

Wythnos cyn y Nadolig byddai mynd mawr ar y Fari Lwyd. Byddai penglog ceffyl yn cael ei orchuddio â lliain gwyn a hwnnw wedyn yn cael ei addurno â rhubanau lliwgar. Gosodid darn o goed yn asgwrn yr ên er mwyn gallu ei symud i fyny ac i lawr. Byddai'r cyfan wedyn yn cael ei roi dros ben dyn fel bod y lliain yn ei orchuddio. Âi'r Fari Lwyd a'r cwmni o gwmpas o dŷ i dŷ yn gofyn cennad ar gân am gael mynediad i'r tai. Gwerthwyd Mari Lwyd Llanofer pan dynnwyd y lle i lawr yn 1936 ond ceir darlun wedi'i baentio o seremoni'r Fari Lwyd uwchben drws Yr Hen Lythyrdy, ar fin y ffordd fawr. Bu'r gwahanol fathau o'r Fari Lwyd yn ddychryn i lawer o dro i dro ond mae'n debyg fod teulu mawr Llanofer yn ddigon cynefin â'u Mari hwy ac iddi roi blynyddoedd o ddifyrrwch iddyn nhw.

Ar Noswyl Nadolig byddai teulu Llanofer yn noswylio'n gynnar er mwyn gallu codi gyda'r wawr trannoeth i fynd i'r Plygain. Ond cyn hynny fe fydden nhw i gyd yn mynd i weld 'y tatws yn y seler'. Ni cheir eglurhad i'r arferiad, ond efallai fod tebygrwydd rhyngddo â'r arferiad yn Sweden o fynd i ymweld â'r stablau yn gynnar yn y bore ac yfed coffi yno.

Byddai neuadd fawr Llanofer wedi ei haddurno â chelyn ac uchelwydd ac arwyddeiriau Cymreig. Yno, am hanner awr wedi un i'r eiliad, y byddai'r cinio. A'r fath ginio. Ar wahân i'r cig eidion, y cig molltyn a'r gwyddau, roedd yno hanner cant o bwdinau a dau gant a deugain o fins peis a phob math o deisennau a frwythau a chnau. Wedi'r wledd byddai amryw o'r tenantiaid yn canu i gyfeiliant y delyn. Rhennid gwobrau am y ddiadell orau o ddefaid Cymreig; y maip brafia'; yr ardd daclusaf a'r bwthyn gwyngalchog glanaf, yn cynnwys y tai allan a'r cytiau moch. Gwnai'r Arglwyddes yn siŵr fod cyfle i'r distadlaf o'i thenantiaid ennill gwobr.

Deuai tro'r plant yn y prynhawn gyda chlamp o de a dawnsio'n dilyn o chwech o'r gloch hyd hanner nos. Ar wahán i'r wledd a'r gwobrau byddai parsel i bawb, wrth gwrs. Gofalai'r Arglwyddes ei bod hi'n siarad Cymraeg â'i thenantiaid a byddai'n rhoi sylw arbennig i wisg bob un ohonyn nhw. Rhoddai bwyslais mawr ar fod yn ffyddlon i'r hyn a alwai hi yn 'gochddu'r ddafad' neu'r 'wlanen genedlaethol'. Yn 1836 cyhoeddodd draethawd ar 'Y Wisg Gymreig' yn cynnwys darluniau o amrywiadau ar y wisg honno mewn gwahanol ardaloedd yng Nghymru. Dywed rhai i sicrwydd mai yn ôl ei mympwy y lluniodd Arglwyddes Llanofer y wisg Gymreig ac nad oes y fath beth yn bod. Dylanwad estron, medden nhw, oedd ar y wisg. Ond tybed nad oedd y syniad yn un eitha canmoladwy wedi'r cyfan? Yn y stwff cartref yr oedd crêd yr Arglwyddes a thrwy ei chymorth hi agorwyd ffatri leol Gwenffrwd a oedd yn enwog iawn ar un adeg am ei charthenni a'i gwlanen Gymreig a'i sioliau.

Arferai'r Arglwyddes roi gwobr flynyddol yn Ysgol Ddyddiol Llanofer i'r plant a fyddai'n dangos mwyaf o wybodaeth o'r Gymraeg. David Howell (Llawdden) gweinidog efo'r Methodistiaid Calfinaidd, fyddai'n arholi, a dillad fyddai'r gwobrau bob amser. Roedd iddyn nhw i gyd enwau Cymreig fel cochl coch, ysgabler a gwarlenni. Ar y Nadolig byddai'r Arglwyddes yn rhoi anrhegion i blant yr Ysgol Sul a'r mwyaf poblogaidd o'r rheini oedd sgarffiau gwlân Ffatri Gwenffrwd. Onid oedd hi yma eto o flaen ei hoes—wrth ddefnyddio'r crefftau Cymreig i ddod â gwaith i bobl leol?

Wedi cynnwrf y Nadolig, byddai pethau'n tawelu. Yna, efo'r Calan, deuai cynnwrf newydd. Byddai'r morynion wedi addurno afalau â blodau neu gelyn neu rawn ŷd i'w rannu i'r gwahoddedigion a'r noson honno cynhelid Swper i'w ddilyn â chanu a dawnsio a chwaraeon ac â'r Cyngerdd arferol, wrth gwrs.

Mae rhaglen Cyngerdd Nos Galan 1855 yn cynnwys datganiadau ar y delyn a gan y côr, dadleuon, ac anerchiad gan y Parchedig T. Phillips. Ymhlith y caneuon ceir Llwyn Onn; Syr Harri Ddu; Hob y Deri Dando; Y Gwenith Gwyn a'r Ferch o'r Sgêr. Mae i'r dadleuon destunau difyr fel—Y Pin a'r Nodwydd, Y Creadur Symudliw a Rhannu'r Deisen. Deuai'r Cyngerdd i'w derfyn gyda'r côr yn canu Hen Wlad fy Nhadau a Duw gadwo'r frenhines. Mae'n syndod cyn lleied o newid sydd wedi bod mewn rhaglenni cyngherddau mewn canrif a rhagor.

Ar Nos Ystwyll byddai seremoni arbennig i dynnu'r addurniadau i lawr a châi pawb dafell o'r Deisen Ystwyll. Parhaodd yr arferion hyn drwy gydol oes yr Arglwyddes ond yn 1861 ni fu dawnsio yn Llanofer, beth bynnag am gyngerdd, oherwydd marwolaeth Albert, y Tywysog Cydweddog.

Roedd i blas Llanofer ei delynor arbennig ei hun. Yn nyddiau cynnar teyrnasiad yr Arglwyddes, John Jones oedd y telynor. Dilynwyd ef gan Thomas Gruffydd. Y delyn deires oedd ei ffefryn ac ni cheir hanes amdano'n canu'r delyn bedalog. Roedd gan y Thomas Gruffydd yma gryn feddwl o'i ddawn a byddai colli mewn Eisteddfod yn loes calon iddo. Ceir sôn amdano'n wylo ar lwyfan Eisteddfod Lerpwl yn 1840.

Roedd yno gôr arbennig hefyd dan yr enw Cantorion Llanofer. Iddyn nhw a Thomas Gruffydd yr aeth y dasg o ddiddanu tywysog ifanc yr Iseldiroedd yn 1860. Roedd yr

Arglwydd a'r Arglwyddes Hall eisoes wedi cyfarfod y frenhines Sophie o'r Iseldiroedd pan ymwelodd hi â Lloegr ym mis Gorffennaf, 1857, ac roedden nhw'n hen gyfeillion i'r Barwn Bentinck, y gweinidog dros yr Iseldiroedd. Roedd gan y frenhines Sophie a'r Arglwydd Hall ddiddordeb brwd mewn gwleidyddiaeth a bu cysylltiad agos rhwng y frenhines â theulu Llanofer dros gyfnod o un mlynedd ar bymtheg.

Cafwyd disgrifiad manwl o ymweliad y tywysog â Llanofer yn yr '*Illustrated News of the World*':

'Roedd ei Fawrhydi yn awyddus i weld Gruffydd, y telynor Cymreig. Daeth yntau o'r oriel wedi ei wisgo'n hardd ac wedi ei addurno â'r medalau a enillodd mewn amryw Eisteddfodau. Archwiliodd ei Fawrhydi'r delyn â diddordeb mawr; holodd amryw gwestiynau a chyffyrddodd â'r deires o dannau. Wedi'r datganiad bu'r gweision a'r morynion yn dawnsio'r hen ddawnsfeydd traddodiadol, yn cynnwys dawns y gannwyll a Rhif Wyth.'

Er i'r ymweliad orffen ar nodyn anffodus efo ffrae rhwng y tywysog a'i swyddog teulu ac i'w fam orfod erfyn ar yr Arglwydd Hall i arfer ei ddawn a'i ddoethineb i esmwytho pethau, wedi'r helynt anfonodd y frenhines lythyr brwd i Lanofer i ddiolch am y croeso a roddwyd i'w mab. Roedd hi hefyd yn pwysleisio fel yr oedd o wedi mwynhau'r wlad yn Lloegr. Ie—er y dawnsio a'r canu traddodiadol, holl regalia fedalog Thomas Gruffydd ac ymdrechion yr Arglwyddes, yn Lloegr y cawsai'r tywysog ifanc ei fwynhad.

Nid gwaith hawdd oedd bod yn westai i dywysog. Ar ysgwyddau'r Arglwyddes y syrthiodd y baich o drefnu'r cyfan. Er hynny, roedd hi yn ei helfen yn estyn croeso, yn arbennig i'r rhai oedd yn gallu gwerthfawrogi'r traddodiadau y rhoddai hi'r fath bwyslais arnyn nhw.

Y delyn oedd ei ffefryn hi. Pan ymwelodd ag Eisteddfod Llandudno yn 1854 gwelodd fod y piano yn cael lle blaenllaw, ar draul anwybyddu'r delyn. Bu hyn yn ormod iddi a dychwelodd adref ar ei hunion.

Yr oedd yn Llanofer enwau Cymraeg ar bopeth. Gwisgai'r gweision a'r morynion yr hyn a ystyriai'r Arglwyddes yn wisg Gymreig ac enwau Cymraeg oedd ar y swyddi—y deuluyddes; Rhys yr ardd; Siân Dyfi; Siân y gegin a Siân fach. Roedd yr anifeiliaid—Gofalus y ci; Caswallon yr afr a Cymro bach a Cymro mawr, y ddau ferlyn—hefyd yn rhan anhepgor o'r teulu.

Roedd tair mynedfa i'r plas—Y Porth Mawr, Porth y Pentre a Phorth y Gwenyn. Ar Y Porth Mawr ceid y cyfarchiad—

'Pwy wyt ti ddyfodwr?
Os cyfaill, croesaw calon i ti;
Os dieithr, lleteugarwch a'th erys;
Os gelyn, addfwynder a'th garchara.'

Ac ar borth arall, neges i'r un sy'n gadael—

'Gâd dy fendith ar dy ôl, a bendithir dithau.
Iechyd a hawddfyd it' ar dy daith
A dedwydd ddychweliad.'

Yn y neuadd ginio, uwchben y lle tân, ceid englyn addas gan Tegid—

'Gwastraff-eisieu; drwg ystryw,—gwarth a ddwg,
    Ac wrth ddwyn gwarth, distryw;
Da i bawb cynildeb yw,
A thad i gyfoeth ydyw.'

Roedd yr Arglwyddes yn selog iawn dros ddirwest ac er mwyn ei gwneud hi'n haws i'w thenantiaid fod yr un mor selog prynodd bob tafarn oedd ar ei stâd a'u troi yn fwyd-dai. Newidiodd eu henwau hefyd. Daeth y *Nag's Head* yn Pen Ceffyl a'r *Six Bells* yn Gloch Gobaith.

Roedd hi'n hael ei nawdd i gapeli ac eglwysi'r cylch. Bu Benjamin Hall yn dadlau'n ffyrnig yn Nhŷ'r Cyffredin yn erbyn annhegwch yr Eglwys Sefydledig yn gorfodi pobl i addoli mewn iaith estron. Codwyd eglwys yn Abercarn, yn arbennig ar gyfer teulu Llanofer, ond roedd un amod ynglŷn â hi—roedd yn rhaid i'r gwasanaeth fod yn yr iaith Gymraeg. Un nos Sul, fodd bynnag, fe ddaethpwyd â Saesneg i'r gwasanaeth. Roedd hynny'n ddigon. Mynnodd yr Arglwydd a'r Arglwyddes gael eu heglwys yn rhydd o afael yr Esgob ac yna'i chyflwyno i'r Methodistiaid Calfinaidd. O hynny ymlaen, i'r Methodistiaid yr aeth y fraint o gael cyflwyno'r Efengyl i deulu Llanofer, er i hynny dynnu gwg holl esgobion a phersoniaid y deyrnas.

Tua 1833 sefydlwyd Cymdeithas Cymreigyddion y Fenni er mwyn gallu gweithredu dros Gymru. Yn fuan wedyn ymunodd yr Arglwyddes â'r Gymdeithas a bu ei gwybodaeth a'i brwdfrydedd a'i nawdd o fudd mawr i'r Cymreigyddion. O'r Gymdeithas hon y tarddodd Cymdeithas y Llawysgrifau Cymreig. Rhoddodd yr Arglwyddes chwe chan punt i'r Canghellydd Silvan Evans ar gyfer ei eiriadur. Gyda'i chymorth hi y cyhoeddodd Ieuan Gwynedd *Y Gymraes* a digolledodd Ieuan pan fu'r misolyn farw. Ceir y nodyn hwn 'at dderbynwyr *Y Gymraes*' yn rhifyn Tachwedd, 1851—

'I'n noddwraig anrhydeddus, yr Arglwyddes Hall, yr ydym o dan rwymau mawrion. Derbynied ddiolchgarwch diffuant am garedigrwydd amhrisiadwy a chymwynasau dirifedi, y rhai na oddefa tynerwch ei chalon i ni eu crybwyll . . .'

Gwely Cystudd Tach. 17, 1851   Ieuan Gwynedd.

Bu teulu Llanofer yn garedig tu hwnt wrth Charlotte Guest. Cymerodd wyth mlynedd iddi gyfieithu'r Mabinogion a chafodd bob croeso a chefnogaeth yn Llanofer yn ystod y blynyddoedd hynny. Fodd bynnag, ychydig o glod a roddodd hi i'r Arglwyddes a'i theulu am eu cymorth. Cafodd Betsi Cadwaladr a Bridget ei chwaer hefyd lawer o garedigrwydd oddi ar law'r Arglwyddes. Bu Bridget am dymor yn Ysgrifennydd Cyfrinachol i'r Arglwyddes.

Roedd Arglwyddes Llanofer hefyd yn awdures ei hun. Yn 1867 cyhoeddodd lyfr dan y teitl rhyfedd—*Recipes communicated by the hermit of the cell of St. Gover*. Roedd y llyfr yn cynnwys darluniau o'i gwaith ei hun. Golygodd, mewn chwe cyfrol, hunangofiant a llythyrau Mrs Delaney, ei hen, hen fodryb. Bu hefyd yn casglu alawon gwerin Cymru gyda Maria Jane Williams, Aberpergwm a Brinley Richards. Ond y mwyaf enwog o'i gweithiau ydy'r casgliad o wisgoedd merched yn rhai o siroedd Cymru gyda'r darluniau lliw o'i gwaith ei hun.

Priododd ei hunig ferch, Augusta, ag Arthur Jones o hen deulu Pabyddol yn Llanarth a thrwy eu mab hwy, Syr Ivor Caradog Herbert, y daeth llawysgrifau Llanofer i'r Llyfrgell Genedlaethol.

Ceir cerdd ddiddorol a elwir yn Awdl Arwest, er coffadwriaeth am Mrs Waddington, mam yr Arglwyddes. Ynddi ceir sôn am Augusta a Frances, ei chwaer—

'Gwelai orwych lys Llanofer,
Trigfan ei Haugusta dyner,
Un oedd iddi yn anrhydedd,
Am ei mirain ddysg a'i mawredd.
Yn ei hymyl hithau drigai,
Ac o'i gwresog serch derbyniai,
Yn yr ymweliadau dyddiol
Delid gan ei merch urddasol.

Er fod amryw o'i hanwyliaid
Gan yr angau 'n mysg ei ddeiliaid;
Clodfawr ydoedd Hall a Bunsen,
Ymddysgleirient fel dwy seren;
Adlewyrchent glod y gwledydd

Nes gwneud mynwes mam yn ddedwydd
Ac o amgylch ei phenllwydni
Plethent goron o oleuni. . .'

Ac ymhellach—

'Dy lygaid mwy ni wasgar serch,
   Ym mysg dy geraint llon,
Dy dyner lais ni chlyw dy ferch
   Fel alaw ber i'w bron:
Ond caed y ddwy fendithion Iôn,
   A holl serchawgrwydd byd,
Ac am dy rinwedd gwnelont son
   A'i ddilyn ar bob pryd;
A chyn preswylio'r tŷ heb rent
Hir, hir, fo oes Gwenynen Gwent . . .'

Pan fu farw'r Arglwyddes yn 1896, talodd ei chyfeilles, Elizabeth (Betha) Johnes o Ddolau Cothi y deyrnged hon iddi—

'Ni all neb gymryd lle yr hen gyfeilles annwyl yn ei hen gartref, ond mwy dymunol iddi fod mewn heddwch, ac yn naw deg pedwar mlwydd oed bu farw fel y bu byw, yn weithiwr diwyd.'

Ni chafodd neb addasach enw na'r un a roddwyd i'r Arglwyddes yn Eisteddfod Caerdydd. Bu Gwenynen Gwent yn mela'n eitha llwyddiannus ym mywyd Cymru. Efallai iddi gael rhai camau gweigion; efallai i'w safle a'i harian fod yn fagl yn ogystal â bendith iddi; efallai nad oedd, mwy nag unrhyw ferch arall, yn siwgwr i gyd.

Mae'n drist meddwl fod yr iaith Gymraeg wedi diflannu'n llwyr o Lanofer heddiw. Mae'r hen dŷ yn adfeilion a 'chapel' yr Arglwyddes wedi ei gloi a'i dagu gan fieri. Mae'n wir fod yr hen enwau Cymraeg wedi eu cadw a bod y pentref ei hun yn wledd i'r llygad ond ni cheir gwers Gymraeg yn yr ysgol er bod y disgyblion yn dathlu Gŵyl

Ddewi'n flynyddol ac yn eitha cyfarwydd â dawnsfeydd Llanofer. Ond o leiaf mae'r gwair wedi ei dorri'n gwta o gwmpas beddfaen mawr Augusta a Benjamin ac eraill o'r teulu ym mynwent Llanofer. Y tu arall i'r rheiliau ceir carreg fach ddi-sylw i gofio bachgen (mab i un o weithwyr ystad Llanofer) a allai ddarllen saith iaith pan nad oedd ond pedair mlwydd oed.

Wrth imi gerdded drwy'r ystad eang (sydd, yn ôl un o'r tenantiaid, yn gylch o bedwar ugain milltir) ni allwn lai na chofio am yr Augusta ifanc yn sicrhau'r gwas gwawdlyd y byddai'r iaith a hithau yn cyd-fyw. Merch nad oedd ddafn o waed Cymreig yn ei gwythiennau yn ymdrechu i gadw'r iaith yn fyw a Chymry o waed yn gadael iddi farw. Dylem, o leiaf, gofio'i hymdrechion a'i chyfraniad, fel y gellir gwireddu teyrnged Ieuan Gwynedd iddi—

    'Tra bryn a dyffryn a dôl—a thelyn
      A thalent farddonol;
     Pery mad siarad siriol
     Y wlad hon am Ladi Hall.'